PCB 설계 실무 Know-how

Library 제작부터 Impedance 설계까지

PCB 설계, 기술 및 교육 문의
E-mail sosarun@naver.com
네이버 카페 https://cafe.naver.com/sosarun
홈페이지 www.PCBDN.com

저자 이병엽

엔플북스

머리말

이 책은 PCB 설계 프로그램을 사용할 줄 알고 기본적인 설계 능력을 갖춘 분들에게 도움을 드리고자 설계의 기초부터 Impedance 설계까지의 제 경험을 바탕으로 기술하였습니다.

현대사회에서 우리에게 친숙한 전자제품을 보았을 때 그 안에 가장 핵심적인 요소는 PCB입니다.

사람으로 비교하여 논하자면 PCB는 뇌 그리고 장기와 혈관을 구성하는 것과 같다고 볼 수 있습니다. 그만큼 PCB는 전자제품의 핵심이고 우리 일상에서 항상 함께하고 있습니다.

PCB는 간단한 설계부터 DDR 메모리, 시스템 보드 급의 Impedance, RF 설계 등 레벨도 천차만별입니다. 특히 EMC를 고려한 설계라던가 양산 단가를 낮출 수 있는 DFM(Design For Manufacturing) 설계 기술 등은 다양한 경험과 기술 문서를 통해서 축적할 수 있으며, 이러한 기술들이 제품의 경쟁력을 가질 수 있게 합니다.

하드웨어 개발자가 회로를 완벽하게 설계해도 PCB 설계자가 개발자 의도를 파악하고 이해하며, 설계 기술을 바탕으로 제대로 설계해야 완벽한 제품을 만들 수 있습니다.

회로 개발자의 능력만큼 PCB 설계자의 능력도 그만큼 중요합니다. 하지만 사회에서는 아직도 이 중요성보다는 회로 개발자에게 비중을 크게 잡고

PCB 설계를 가볍게 보는 경우가 많습니다.

　최상의 경쟁력 있는 제품을 만들기 위해서는 회로와 PCB가 각각의 위치에서 최상의 조건으로 만들어야 가능합니다.

　PCB는 산업이 발전해감에 따라 중요한 역할을 하고 있고, 이러한 경험이 축적되면 될수록 설계 능력이 좋아지며 그에 맞게 경쟁력 있는 제품을 만들 수 있습니다. 하지만 아쉽게도 PCB 설계 실무를 제대로 설명하고 알려주는 책은 아직까지는 국내에 없습니다. 그런 생각을 하다보니 필자는 초임자에게 도움이 될 수 있는 핸드북의 필요성을 느끼게 되었고, 그 바램을 이제 세상에 선보이게 되었습니다.

　이 책은 가장 기초에서부터 DDR 메모리 설계까지 실무 중심으로 기술을 하였으며, 회로 개발자 및 PCB 설계자에게 많은 도움이 될 것입니다.

　PCB와 관련된 업무를 하고 있거나 PCB를 배우는 분들에게 기본 지침서로 도움이 되기를 바라며, PCB를 공부하고 실무를 겸하는데 어려움이 있거나 도움이 필요한 부분이 있으면 언제든 아래 메일로 연락해주시면 항상 도움을 드리도록 노력하겠습니다.

　설계 및 개발 기술 자문 등 도움이 필요하시면 편하게 연락해주세요.

> e-mail : sosarun@naver.com
> Naver 정보공유 cafe : https://cafe.naver.com/sosarun
> Homepage : www.PCBDN.com

저자 **이병엽**

차 례

제1부 PCB Design Basic / 7

1. Data sheet 보는 방법 ·· 9
2. Library 제작 방법 ··· 14
3. Layout(부품 배치) ·· 26
4. Routin Guide ·· 37
5. PCB 경제 사이즈 ··· 55
6. PCB array 방법 ·· 59

제2부 파트별 설계 Guide / 65

1. 전원 부분 설계 Guide ·· 67
2. Analog board Design ·· 77
3. Digital board Design ·· 80

제3부 Impedance Design Guide / 87

1. Impedance ·· 89
2. Impedance design의 종류 ·· 95
3. Impedance design guide ·· 100
4. DDR design guide ·· 108
5. Propagation delay ·· 117

제4부 EMC 대책 설계 방법 / 123

제5부 Design Rule Check / 129

1. PCB check list ·· 131
2. Design For Manufacturing ··· 139
3. Design Rule Check ··· 148

1. Data sheet 보는 방법

설계를 하다보면 주요 부품에 대한 data sheet를 봐야 하는 경우가 있습니다.

기본적으로 data sheet를 통해 중요한 정보를 알고 설계를 하는 것이 board에 대한 안정성을 가져갈 수 있기 때문입니다. 하지만 PCB Design을 하면서 data sheet를 모두 살펴볼 수는 없습니다. 물론 다 보면 좋겠지만 그 정도의 시간 투자보다는 실무에 필요한 정보만 파악하면 된다고 개인적으로 생각됩니다. 그러면 data sheet의 어떤 부분을 주로 봐야 하는지 살펴보도록 하겠습니다.

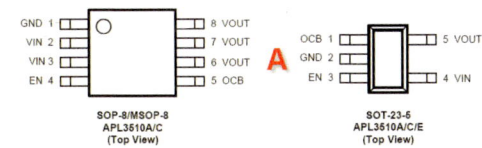

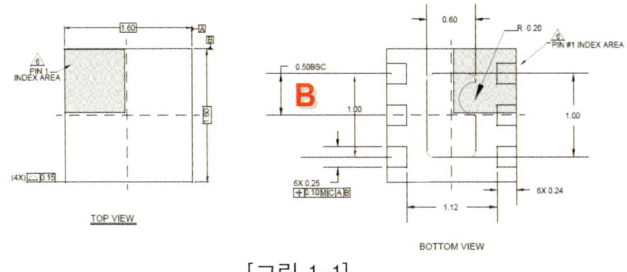

[그림 1-1]

[그림 1-1은 APL3511AB, ISL55016 data sheet에서 발췌했습니다.]

기본적으로 부품에 Demension을 봅니다. 가장 중요한 부분이죠.

[그림 1-1]을 보게 되면 이 부분에서 우리가 주의해야 할 부분은 A에서와 같이 부품의 type이 틀린 경우가 있으니 미리 check할 필요가 있으며, 이후 B의 경우처럼 부품의 size와 pad size, pin pitch, ex-pad 유무 등의 정보를 확인하여 Library를 만들거나 확인합니다.

Features

- Input Impedance of 75Ω Single-Ended
- Output Impedance of 100Ω Differential
- Noise Figure of 5.4dB
- OIP3 of 26dBm
- Input Return Loss of 27dB
- Pb-Free (RoHS Compliant)

FEATURES
- 3A Continuous Output Current
- Wide 4.75V to 23V operating input Range
- Integrated 85mΩ Power MOSFET Switches
- Output Adjustable from 0.925V to 20V
- Up to 95% Efficiency
- Programmable Soft-Start
- Stable with Low ESR Ceramic Output Capacitors
- Fixed 340KHz Frequency
- Cycle-by-Cycle Over Current Protection
- Input Under Voltage Lockout
- Thermally Enhanced 8-Pin SOIC Package

[그림 1-2]

[그림 1-2는 MP1484, ISL55016 data sheet에서 발췌했습니다.]

두 번째로 [그림 1-2]와 같이 제품의 특징을 봅니다. 이 부분에서는 위에 표시한 것과 같이 Impedance에 대한 정보와 Input 및 Output 전압 및 전류에 대한 정보 등 설계에 필요한 기타 부품에 대한 특징을 살펴보는 것이 좋습니다.

특히 앞에 표시한 내용 중 Impedance 부분은 critical한 부분이므로 꼭 지켜주는 것이 좋으며, Input/Output 전압과 전류에 대해서는 꼭 check 후 설계를 해야 합니다. [그림 1-2]에서 FEATURES를 보면 출력이 3A로 꾸준히 출력된다고 되어 있는데 1A로 설계를 하게 되면 과부하로 인해 pattern이 타거나 동작에 이상이 생길 수 있는 부분이므로 꼭 살펴보아야 합니다.

그 외 Recommended 된 내용을 살펴보면 됩니다.

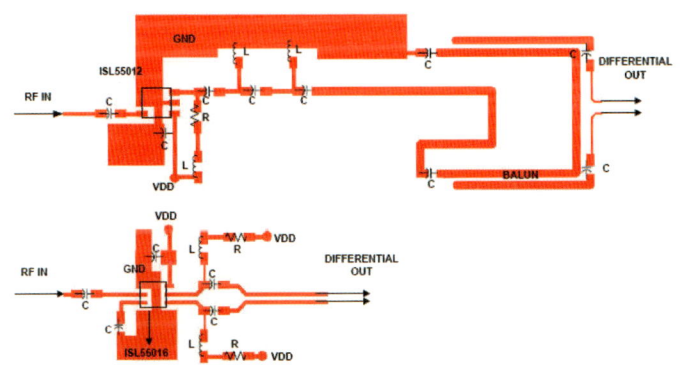

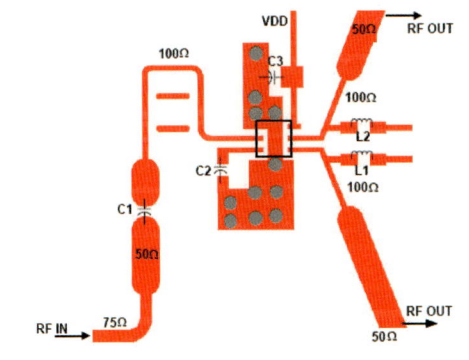

[그림 1-3]

[그림 1-3은 ISL55016 data sheet에서 발췌했습니다.]

Chapter 1. PCB Design Basic • 11

세 번째로 [그림 1-3]과 같이 Layout에 대해서 Recommend 해주는 경우가 있습니다. 물론 회로에 차이가 있을 수 있으나 가능하다면 test를 하여 recommend 해주는 것이니 참고하여 설계를 하면 좋을 것 같습니다.

이외에도 Impedance 정보를 제공하면서 pattern의 width와 space에 대한 정보를 제공하는 경우가 있는데 이 경우에는 recommend에 따르기 보다는 PCB 제조업체의 spec을 따라 가는 것이 좋습니다. 그 이유는 부품 test 시 사용된 stack-up 정보와 PCB 제조사의 유전율 및 공정상 차이가 있기 때문입니다.

※ 꼭 알아두어야 할 용어

☞ **Pattern**
PCB 설계 시 부품 간 선을 연결해 주는데 전기적 신호가 있는 선을 말합니다.

☞ **Pad**
자주 사용하는 용어입니다.
부품의 핀을 PCB에 장착시키기 위한 영역을 말합니다. 즉, 핀 간마다 납을 묻힐 수 있는 공간으로 보시면 됩니다.

☞ **Ex-pad(Exposed Pad)**
주로 열이 많이 발생하는 부품에 사용되며, 방열을 위해서 부품의 배면을 board와 접촉시키는 pad를 말합니다.

☞ **Impedance**
전자를 배우신 분들은 많이 들어본 용어일 겁니다. 일종의 저항입니다.

저항 말 그대로 외부의 영향을 받지 않게 하는 것을 말합니다. 요즘은 고속신호들이 늘어나면서 Impedance matching을 해주는 경우가 많습니다.

☞ **Layout**
부품의 배치를 말합니다.

☞ **Stack-up**
PCB 제조 시 적층 구조를 말합니다. 4층 보드의 경우 전체 PCB 두께를 얼마로 할지 내부회로를 구성에 필요한 P/P와 CCL은 어떤 두께의 제품을 사용할지 등의 정보를 말합니다.

☞ **유전율(dielectric constant)**
유전율의 사전적 의미는 외부의 전기적 신호에 대한 부도체 내 분자들의 분극현상을 말합니다.

PCB에서는 비유전율이라고도 하며 측정체와 진공의 유전율의 비를 나타냅니다. 유전율이 작을수록 신호의 처리속도가 빨라지고 data 손실이 작아집니다.

	공기	FR4	물	종이	실리콘
유전율	1	4.5	80	2	11.0~12.0

2. Library 제작 방법

Library는 PCB Design을 하는데 기본적으로 필요하기도 하지만 설계에 있어서도 가장 중요한 부분 중 하나입니다. Library를 잘못 만들면 Design을 아무리 잘해도 불량이 발생하기 때문입니다.

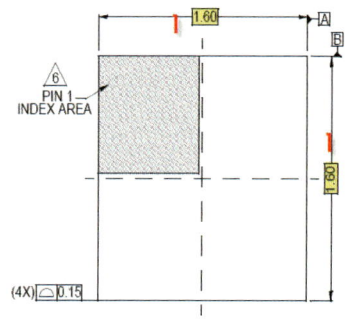

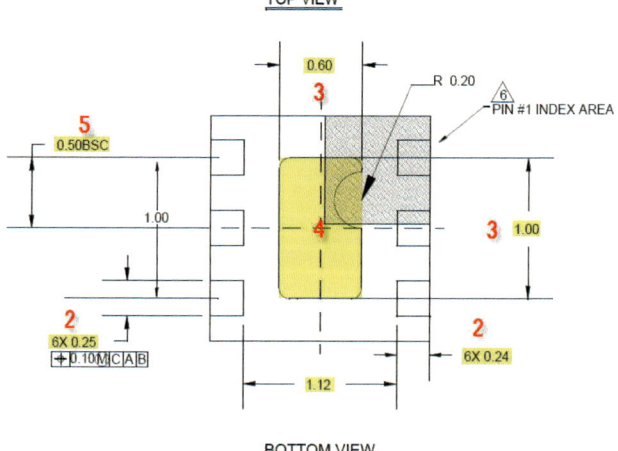

[그림 2-1]

[그림 2-1은 ISL55016 data sheet에서 발췌했습니다.]

14 • PCB 설계 실무 Know-how

[그림 2-1]에서는 Library를 만들기 위한 기본적인 사양이 표시되어 있습니다.

1의 경우는 부품의 외형으로 보면 됩니다. 정 size로 외형을 만들면 부품 실장 후 파악이 안 되겠죠. 0.5mm 내외로 키워주는 것도 좋습니다. 부품 실장 후에 부품에 대해서 확인할 수 있으니까요.

2의 경우는 부품 pad에 관한 정보를 알려주는 것입니다. 6개의 pad가 0.24mm×0.25mm로 되어 있습니다.

3의 경우는 ex-pad에 대한 수치로 0.6mm×1.0mm로 되어 있습니다.

4의 경우는 ex-pad로써, 방열 목적으로 부품의 배면에 접촉을 시켜줍니다.

5의 경우는 pin pitch에 대한 정보를 주고 있습니다. pin 간격이 0.5mm인 것을 확인할 수 있습니다.

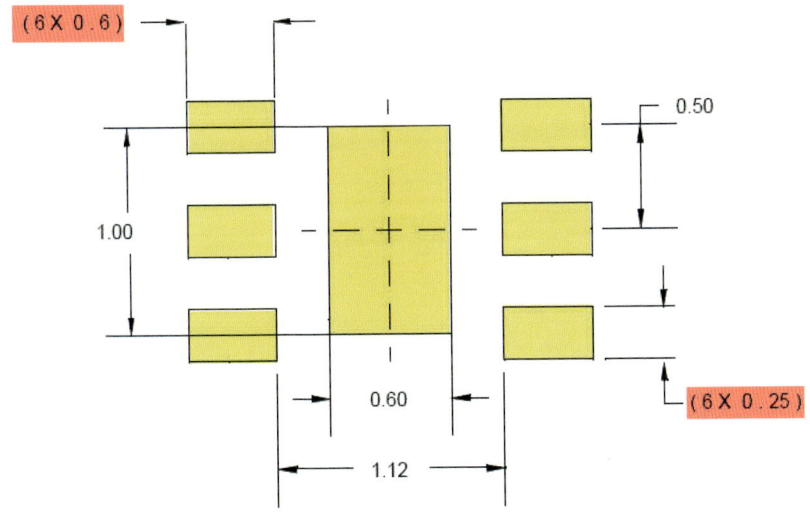

TYPICAL RECOMMENDED LAND PATTERN

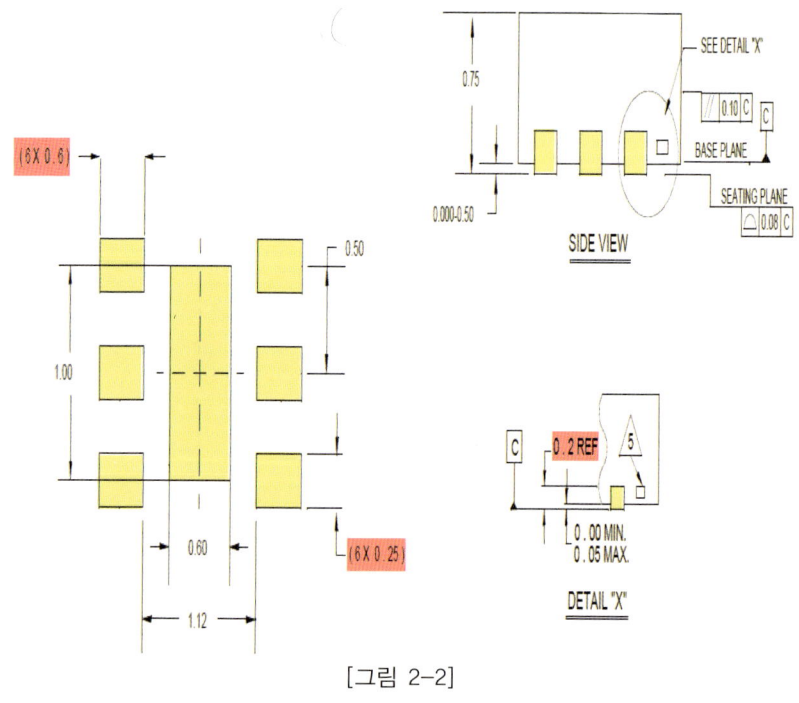

[그림 2-2]

[그림 2-2는 ISL55016 data sheet에서 발췌했습니다.]

[그림 2-1]에서 언급된 demension에 대한 recommend를 [그림 2-2]에서 보여주고 있습니다.

[그림 2-1]에서 pad가 0.24mm×0.25mm이었는데 [그림 2-2]에서는 0.6mm×0.25mm로 만들어진 것을 볼 수 있습니다. 또 부품의 길이를 보면 1.6mm로 되어 있지만 2.32mm로 되어 있는 것을 볼 수 있습니다. 다시 말해서 0.72mm가 더 크게 편측으로 0.36mm씩 pad를 더 크게 만든 것을 확인할 수 있습니다. 이 부분을 크게 해주는 이유는 우측 그림 하단에 있는 pad 높이가 0.2mm인 것과 연관이 있으며, 이에 대한 내용은 다음 페이지에서 설명을 하도록 하겠습니다.

16 • PCB 설계 실무 Know-how

추가로 내측 폭을 보면 [그림 2-1]과 [그림 2-2] 모두 1.12로 되어 있는 것을 볼 수 있습니다. 이 부분은 왜 실제 pad와 동일하게 했을까요? 이 부분은 생산과 연관이 있습니다. 부품 type에 따라 다르지만 위와 같은 type의 경우 내측에 pad가 크게 되면 부품의 유격이 커지게 되고 그로 인해서 부품의 위치가 틀어지는 경우가 발생할 수 있기 때문입니다. 위 문제를 방지하기 위해서 내측 폭을 동일하게 해준 것입니다. pad의 폭도 0.25로 같은 데 이유는 부품의 특성상 밀착이 되는 부분이기에 여유를 주지 않고 동일하게 설정한 것으로 보입니다.

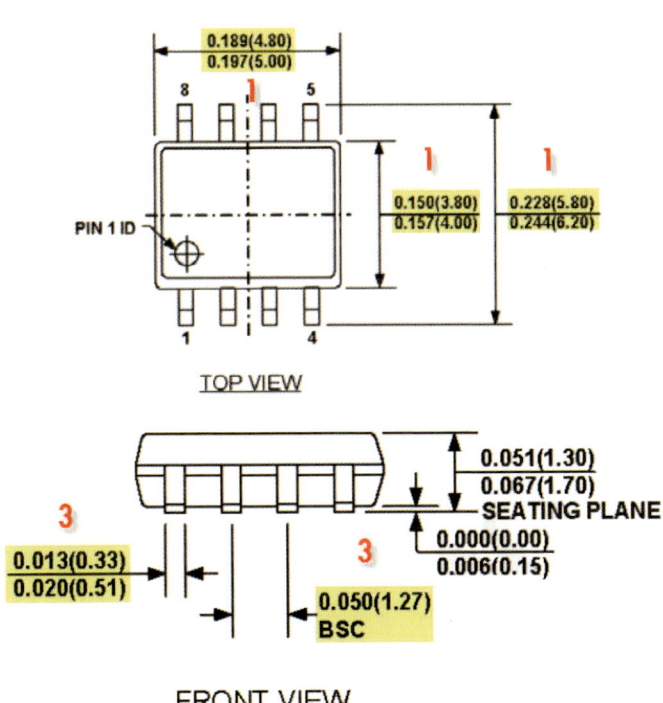

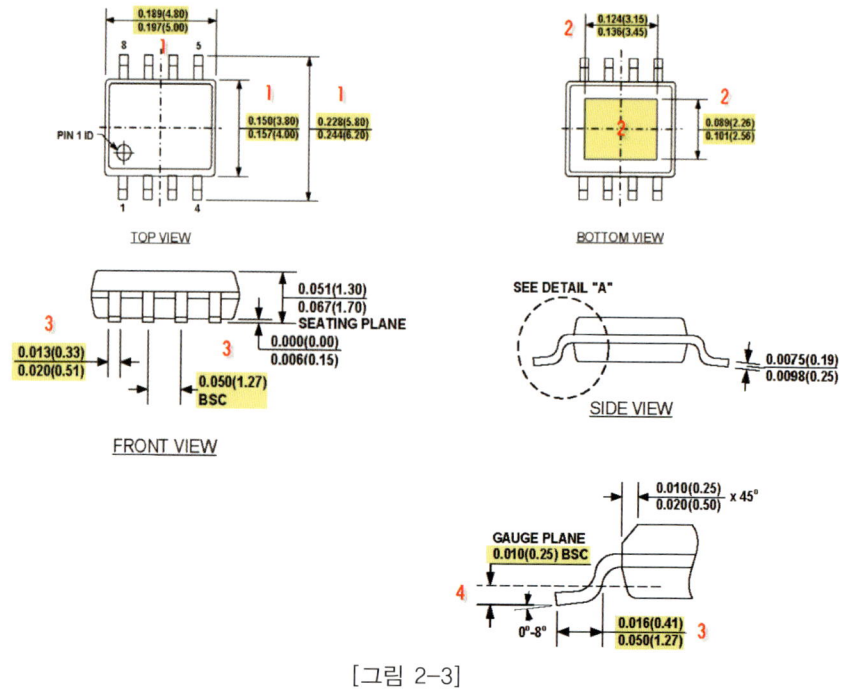

[그림 2-3]

[그림 2-3은 MP1484 data sheet에서 발췌했습니다.]

[그림 2-3]은 앞에 설명한 [그림 2-1]과 다른 Library를 만들기 위한 기본적인 사양이 표시되어 있습니다. 앞에서 보았던 data sheet와 틀린 부분이 있는데 가장 먼저 부품 type이 틀리고 부품 수치 기록에 대한 방법이 틀린 것을 볼 수 있습니다. 틀린 것에 대한 설명을 하자면, 좌측 하단의 pad 폭을 보면 0.020(0.51)로 표기되어 있는데 이 부분은 0.020은 inch 단위로 표시된 것이고, 0.51은 mm 단위로 표기된 것입니다. 한 가지 더 보자면, 수치를 위 아래 두 가지로 표기된 것을 볼 수 있습니다. 이 표기는 Max.(최대치)와 Min.(최소치) 표기로 보면 됩니다. mm 기준으로 볼 때 Min.은 0.33mm, Max.는 0.51mm로 표기되어 있는 것입니다.

1의 경우는 부품의 외형으로 일반적으로 부품의 공차를 감안해서 Max. size를 참고하게 됩니다.

2의 경우는 ex-pad에 관한 정보입니다. pad의 현태와 size 정보를 알려주고 있습니다.

3의 경우는 pad에 대한 수치로, pin pitch 및 pad size에 대한 정보를 알려주고 있습니다. Library를 만들 때는 평균값이나 Max.값으로 만들어줍니다.

4의 경우는 Fillet 형성에 필요한 정보를 알려주고 있습니다. pad size 결정 시 참고해야 하는 정보입니다.

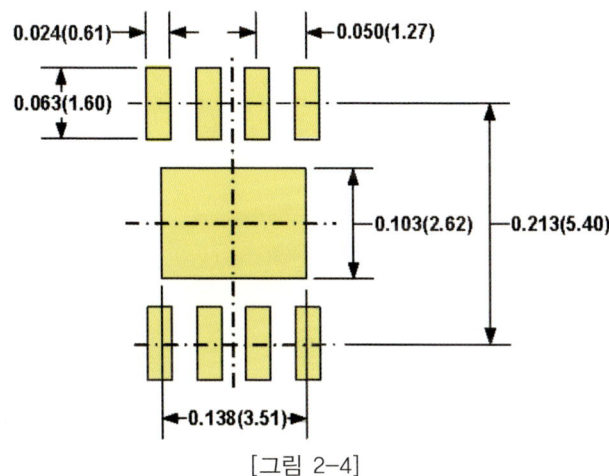

[그림 2-4]

[그림 2-4는 MP1484 data sheet에서 발췌했습니다.]

[그림 2-3]에서 언급된 demension에 대한 recommend를 [그림 2-4]에서 보여주고 있습니다.

[그림 2-3]에서 보면 pad size가 0.84mm×0.42mm가 [그림 2-4]에서는 1.6mm×0.61mm로 만들어진 것을 볼 수 있습니다. 또 부품의 폭을 보

면 평균값이 6.0mm로 되어 있지만 부품에서는 7.0mm로 되어 있습니다.

다시 정리하면 0.84mm로 본다면 외측으로 0.5mm, 내측으로는 0.26mm 더 준 것을 알 수 있습니다. 수치상으로는 0.26mm이지만 실제 보드에 닿는 면적은 더 작기에 더 크다고 보면 됩니다. [그림 2-3]의 우측 하단 pad의 모양을 보면 이해가 되리라 생각됩니다. 하지만 또 다른 의문 사항이 생기리라 생각됩니다. 앞서 [그림 2-2]에서 설명한 내용에서는 내측은 동일하게 했는데 왜 이 부품은 더 준 것일까요? 이 부분도 위 설명과 동일한 논리이지만 [그림 2-2]의 부품은 pad의 높이가 없는 부품이고, [그림 2-4]의 부품은 높이가 있어서 fillet 형성이 필요한 부분이기 때문입니다. 폭도 약 0.1mm씩 더 준 것을 볼 수 있는데 이것도 같은 논리로 pad의 높이가 있기 때문입니다.

BGA Library 만드는 방법은 다음과 같습니다.

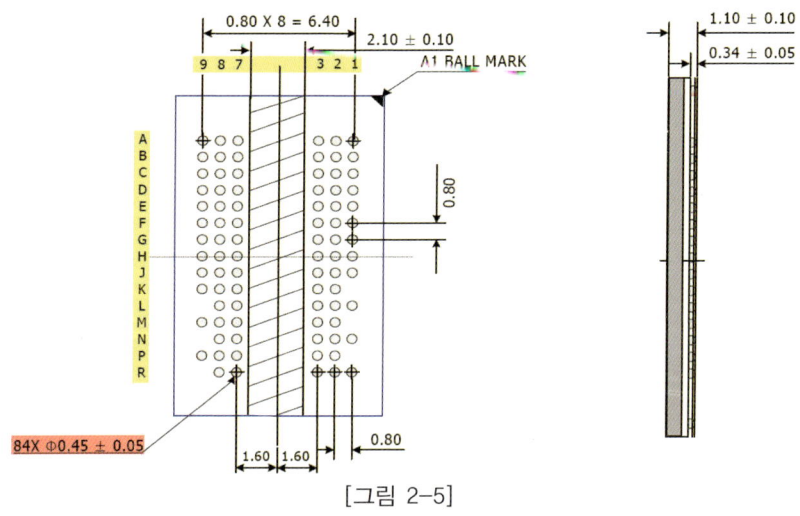

[그림 2-5]

[그림 2-5는 H5PS1G63EFR-G7Q data sheet에서 발췌했습니다.]

[그림 2-5]와 같이 BGA를 만든다면 pin 번호에 대해서 잘 살펴보아야 합니다. BGA의 경우는 다른 부품과 다르게 숫자만으로 표시되지 않습니다. A1, A2, ⋯ 이러한 방식으로 알파벳+숫자로 표기됩니다.

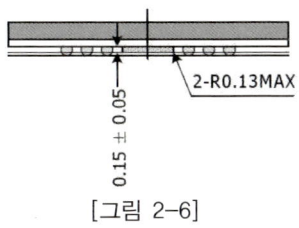

[그림 2-6]

[그림 2-6은 H5PS1G63EFR-G7Q data sheet에서 발췌했습니다.]

참고로 BGA(Ball Grid Array)는 pad라는 말을 쓰지 않습니다. ball이라는 용어로 사용하게 됩니다. 그 이유는 [그림 2-6]에서 보는 것과 같이 pin들이 하나의 구슬과 같이 생겨서 붙어 있습니다. 그래서 그렇게 부르는 것이라 생각을 합니다.

BGA의 ball size는 어떻게 결정을 해줄까요?

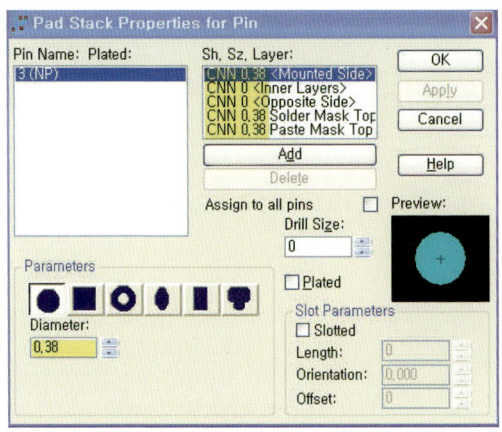

[그림 2-7]

BGA의 ball size를 설정해 주는 방법에도 다른 type의 부품들과 차이가 있습니다.

[그림 2-5]를 보면 ball size가 φ0.45로 되어 있지만, [그림 2-7]에서는 φ0.38로 되어 있는 것을 확인할 수 있습니다.

다시 정리하자면, 일반적으로 BGA의 ball size는 실제 ball size의 약 80% 정도로 설정을 해줍니다. 해당 부품을 만들 때 참고하면 됩니다.

그 외에 LGA라는 BGA와 비슷한 type의 부품도 있습니다. pin 번호를 주는데 있어 BGA에 조금 차이가 있으니 참고하고 중요한 것은 data sheet를 꼭 확인한 후에 부품을 만들어야 한다는 것입니다.

이제 부품을 그려줄 때 어떤 설정이 필요한지 알아보겠습니다.

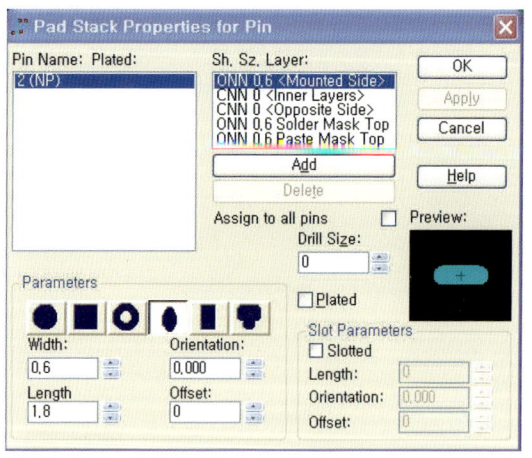

[그림 2-8]

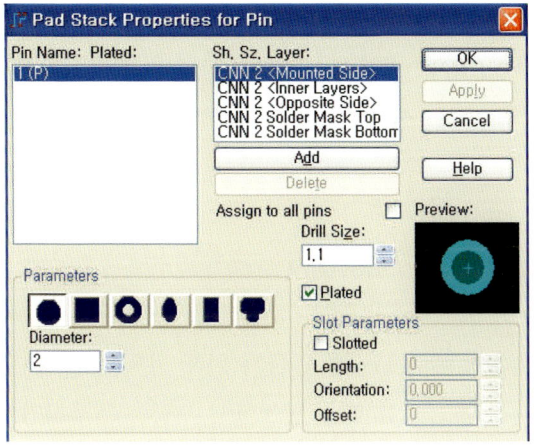

[그림 2-9]

   Library를 그려줄 때는 기본적으로 외각을 그려주는 Silk Screen Top 이 필요합니다.

   그 외에는 pad에 대한 설정입니다. 위 그림과 같이 SMD type 부품의 경우 기본적으로 solder가 형성되는 납이 묻어야 하는 부분 Top/Bottom을 선택해주고 [그림 2-8]과 같이 Top면에 위치한 pad라면 Top면과 Solder Mask Top, Paste Mask Top에 pad를 형성해 주면 됩니다.

   [그림 2-9]와 같이 Through hole이 사용되는 Dip 부품의 경우는 Top, Bottom, Solder Mask Top, Solder Mask Bottom에 pad를 형성해서 만들어 줍니다.

※ 꼭 알아두어야 할 용어

☞ **Silk Screen Top / Bottom**
   PCB 상에 사용되는 문구나 부품의 외각선 등으로 활용이 됩니다. 그 외에 short 방지 등을 위해 silk를 도포하는 경우도 있습니다.

☞ **Solder Mask Top / Bottom**
PCB 상에 PSR이라는 보통 녹색으로 되어 있는 ink를 PCB에 덮어주고 short 등을 방지해주는 역할을 하는 코팅 물질로 해당 영역은 제외하라는 뜻으로 사용됩니다.

☞ **Paste Mask Top / Bottom**
SMD 부품이 있는 경우는 Reflow하기 위해서 Metal Mask라는 도구를 사용하게 되는데 해당 도구를 만들기 위해 필요한 부분으로 해당 부분에 Solder 크림을 올려서 Reflow 공정에서 부품을 접촉시키기 위해 사용합니다.

☞ **Solder 크림**
SMT 작업 시 SMD 부품을 접착시키기 위해서 끈적한 solder 물질을 Metal Mask를 통해서 해당 영역에 도포하여 열을 통해 녹여서 부품과 접착시킬 수 있는 화학물질을 말합니다.

☞ **Metal Mask**
그림과 같이 chip이 접착될 부분에 홈을 만들어 solder 크림이 해당 부분에 도포되도록 만든 기구를 말합니다.

☞ Fillet

아래 그림에서 하단에 solder 크림에 부품이 올라가 있는 상태입니다. 붉은색 박스를 잘 봐주세요.

그림에서는 Reflow를 통해서 solder 크림이 녹아서 부품과 접촉이 되어 있는 모습입니다.

붉은 박스 안의 모습을 자세히 보면 상단의 그림과 하단 그림의 차이를 볼 수 있습니다. solder 크림이 녹아서 유선형으로 곡선을 그리며 녹아 있는 것을 볼 수 있는데 이 부분을 Fillet을 형성해 준다고 표현을 합니다. 이 부분이 제대로 안 되면 냉땜 등으로 인한 불량의 원인이 될 수도 있습니다.

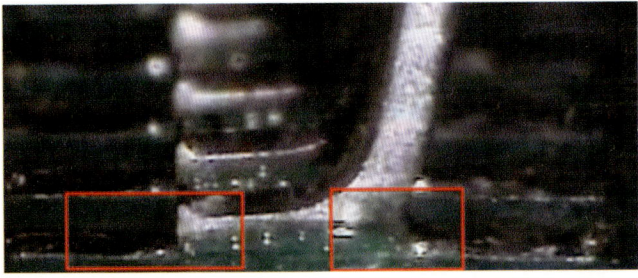

3. Layout(부품 배치)

기본적으로 부품 배치는 특성에 맞게 회로 설계자의 의도에 맞게 배치해야 합니다. 그 외에 특정 부품의 경우는 guide로 제시되는 경우가 있습니다. 그러한 경우에는 guide를 준수해 주는 것이 좋습니다.

기본적인 사항이지만 배치 및 라우팅 작업을 할 때에는 회로를 한쪽에 띄어두고 회로를 보면서 작업을 하는 것이 좋습니다. 그래야 회로 설계자의 의도를 파악할 수 있고 그에 맞는 설계를 할 수 있기 때문입니다.

배치에 앞서 PCB 설계자가 필요로 하는 자료들이 있습니다. 알고 있는 바와 같이 기구도면입니다. 설명을 더 추가하자면 내가 설계하고자 하는 보드와 연결되는 보드에 대한 정보도 필요합니다. 다시 말해서 기구적으로 위치가 정해져 있는 부품들과 배치해서는 안 되는 영역, 다른 보드와 연결된다면 연결에 있어 문제가 될지 안될지, 어떤 케이블을 사용하는지, wire harness인지 FFC 케이블인지를 파악해야 합니다. Wire harness 같은 경우는 얼마든지 편하게 꼬아서 연결할 수 있으므로 길이만 생각하면 되지만, FPC 케이블의 경우는 방향성에 있어서 자유롭게 꺾을 수 없기에 위치도 동일해야 하는 부분이 있습니다.

저자의 경우는 다음과 같은 방법으로 배치를 시작합니다.

먼저 부품들을 PCB CAD program에 올린 후 기구적인 사양들부터 배치를 시작합니다.

기구적인 사양이라면 기구와 관련이 있는 것으로 우선적으로는 보드의 영역, 금지구역 설정, Jack류, Screw hole, Connector 등의 위치 설정 등이 먼저 되어야 합니다.

이후로는 부품 배치를 할 수 있는데 회로를 보면 각각의 Part가 있습니다. 다시 말해서 block별로 먼저 배치를 한 후에 보드에 맞게 조금씩 변형을 해가며 배치를 합니다.

기본적으로 회로가 구성된다면 보드에 따라 다르겠지만 DC-DC, RF, RS232, Main chip-set, 각각의 Jack류에 연결된 회로, Connector 주변 회로 등이 있을 겁니다.

이제 각 파트별로 어떻게 배치하는 것이 좋을지를 살펴보겠습니다.

[DC-DC 회로]

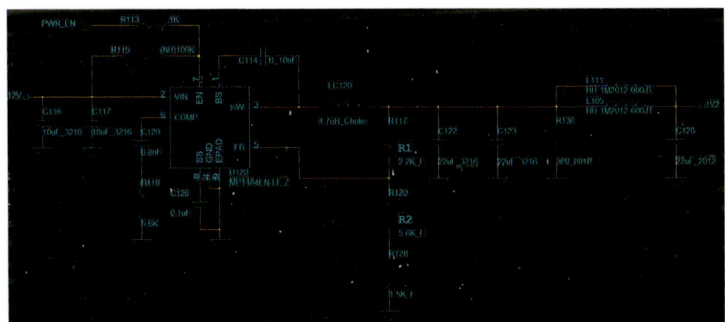

[그림 3-1]

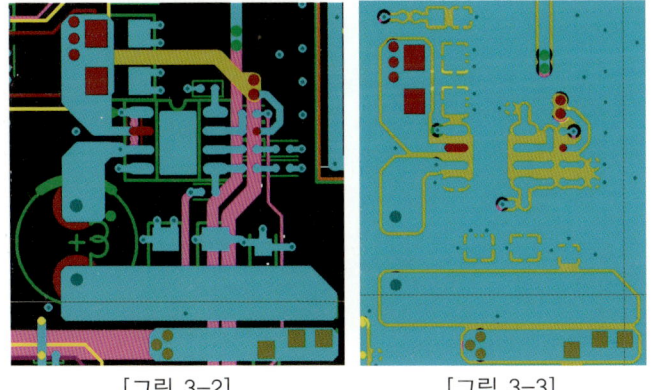

[그림 3-2] [그림 3-3]

[그림 3-1]의 DC-DC 회로를 [그림 3-2]와 같이 PCB로 구현을 한 것입니다.

배치는 주변회로 등 환경에 따라 차이가 있겠지만 기본적으로 DC-DC 회로를 배치할 때는 다음을 생각하면서 배치를 하면 됩니다. 입력 전원의 그라운드와 출력 전원의 그라운드 그리고 스위칭 IC의 그라운드가 넓고 하나로 연결되어 있어야 합니다. 다시 말해서 path가 짧아야 한다는 점입니다. 이와 같이 설계가 되지 않았을 경우 출력 전원에 발진 Noise 등이 발생할 수 있습니다.

추가로 by-pass capacitor는 전원 핀 가까이 배치를 해줍니다.

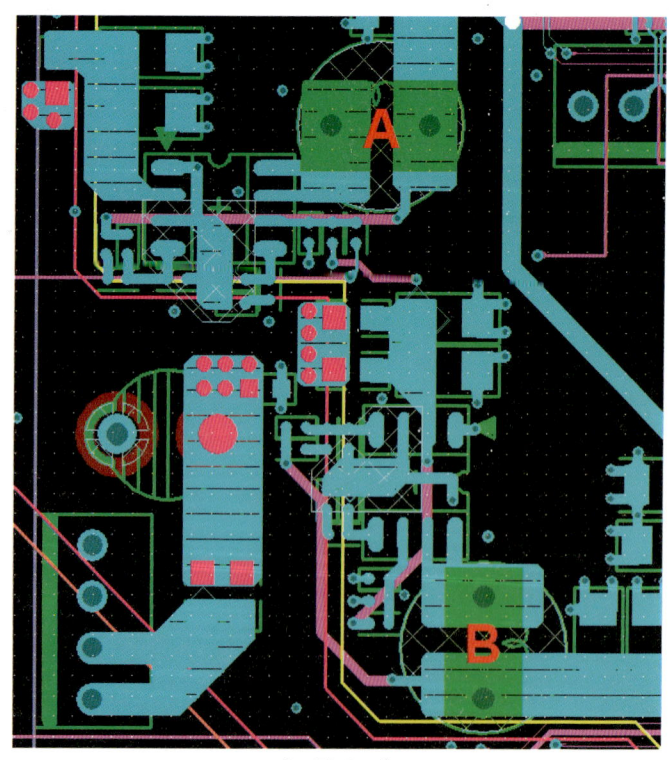

[그림 3-4]

[그림 3-4]와 같이 DC-DC 회로가 밀집되는 경우가 있을 수도 있는데 이럴 경우 주위해야 할 사항이 있습니다.

[그림 3-4]를 보면 A, B 2개의 inductor가 있습니다.

이럴 경우 각각의 inductor는 거리를 멀리하면서 배치 또한 같은 방향성을 갖지 않도록 90도로 배치로 해주는 것이 좋습니다. 그러면 상호 인덕턴스를 상쇄시킬 수 있습니다.

[전원 입출력에서의 Capacitor 배치 요령]

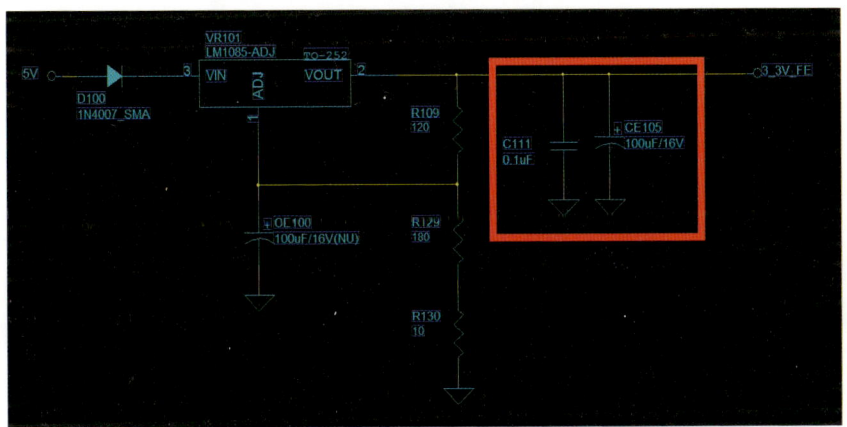

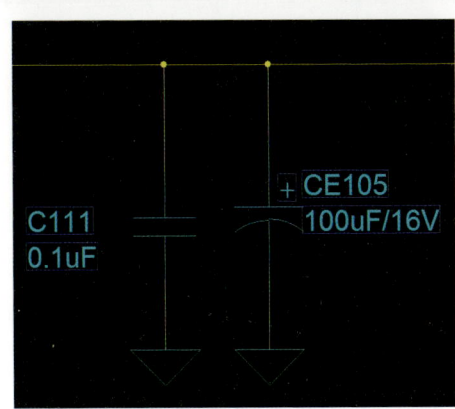

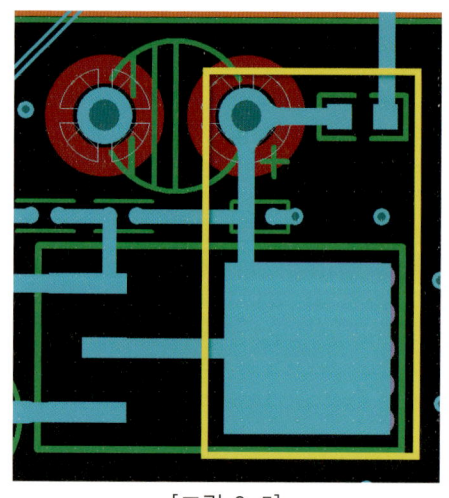

[그림 3-5]

전원회로에서는 다음을 생각해서 배치를 해야 합니다.

[그림 3-5]의 그림은 출력전원에 대한 capacitor의 배치를 나타내고 있습니다. 상단 그림에서 붉은 박스 부분의 회로가 하단의 노란 박스 부분의 회로와 동일합니다. 상기 회로는 5V의 입력 전원을 받아서 3.3V 전원으로 낮추어 생성해주는 것으로 그림에서 박스로 그려져 있는 출력단을 살펴보면 MLCC를 거쳐서 E-cap를 지나서 전원이 형성되는 구조를 볼 수 있습니다.

여기에서는 capacitor의 역할을 먼저 살펴봐야 합니다.

기본적으로 MLCC 등 용량이 작은 cap들은 고주파 Noise를 제거해주는 역할을 하고, E-cap 등 용량이 큰 cap들은 저주파 Noise를 제거하는 역할을 하게 됩니다.

다시 정리를 해보면 DC-DC 회로 등 전원의 출력은 MLCC를 통해서 고주파 noise를 제거 후에 E-cap을 거쳐서 저주파 노이즈를 제거한 후 전원 소스를 만들어 주는 것을 볼 수 있습니다.

MLCC도 서로 다른 cap들이 있다면 작은 값에서 큰 값으로 배치를 해주면 됩니다. 입력의 경우 capacitor를 가까이 배치해주는 것이 좋으며, 전원의 안정화를 위해서 E-cap를 사용하는 경우도 있습니다.

[RF 회로]

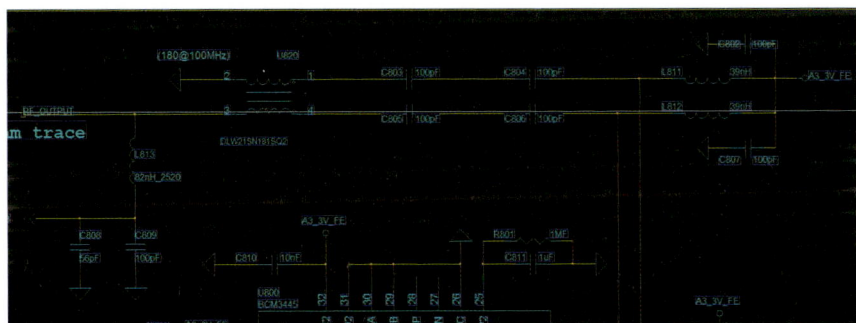

[그림 3-6]

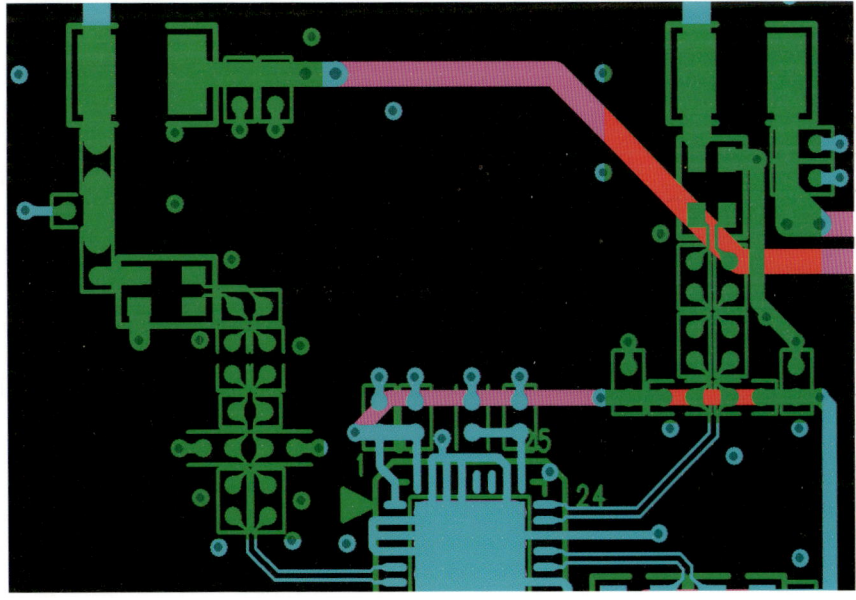

[그림 3-7]

RF 회로에서의 배치는 다음과 같이 진행을 합니다.

pad to pad의 생각으로 가능하다면 pattern은 짧게 pad에서 바로 pad로 연결되게 해주는 것이 좋습니다.

[그림 3-7]은 [그림 3-6]의 회로를 PCB로 구현한 것으로 Impedance matching 문제로 chip-set 부분에서는 pattern이 길게 지나가고 있지만 일반적인 구성에서는 상단에 color box로 그려진 것과 같이 pad to pad의 구조로 형성을 해주게 됩니다. 일반적으로 pattern이 길다는 것은 L값이 생기기 때문입니다.

[pull-up / pull-down / by-pass]

PCB 설계를 하다보면 main chip-set 주변에는 항상 pull-up/pull-down resistor나 by-pass capacitor가 많이 있다. 이들은 각각의 역할이 있으므로 그 역할에 맞게 배치를 해주면 됩니다.

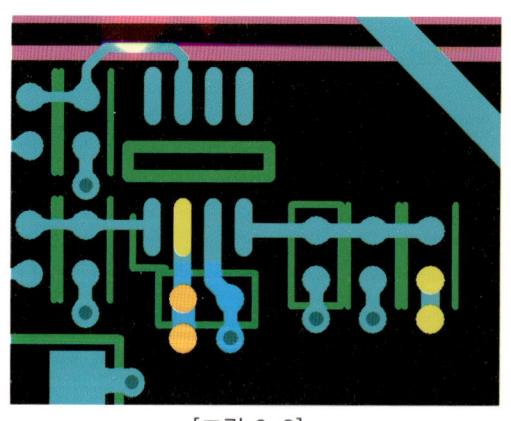
[그림 3-8]

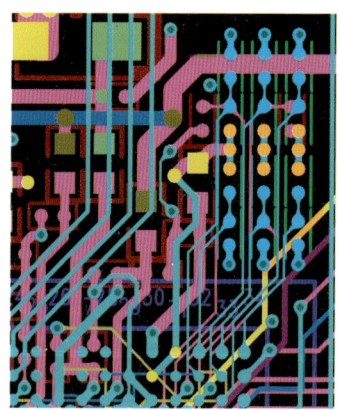
[그림 3-9]

[그림 3-8]과 같이 by-pass capacitor는 pin 가까이 배치해야 하며,

capacitor를 거쳐서 IC에 연결되게 해야 by-pass의 역할을 할 수 있습니다.

by-pass를 달아주는 이유는 여러 가지가 있지만 앞서 DC-DC 배치에서 설명했듯이 Noise를 제거해 주기 위함입니다. 거리가 멀면 먼 거리만큼 Noise의 영향을 받을 수 있고, 또 capacitor를 거치지 않고 바로 또는 중간에 연결되었다면 capacitor에서 noise를 제거할 수 없을 수도 있기 때문입니다.

[그림 3-9]의 pull-up/pull-down은 대부분 중요한 부분이 아닙니다. 부품의 특성상 연결만 되는 부분이니 설계를 할 때 빼두었다가 다른 중요한 부품들을 먼저 배치한 후 마지막에 배치를 하면 됩니다.

[Crystal 회로]

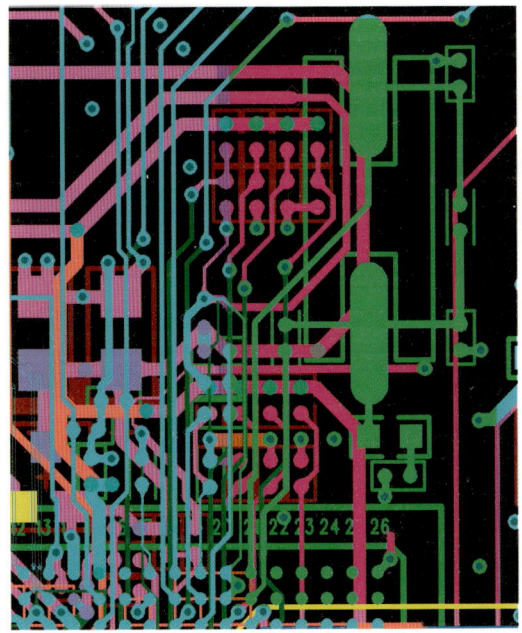

[그림 3-10]

[그림 3-10]과 같이 crystal 회로는 IC와 최대한 가깝게 배치하고 가능한 via 없이 routing이 되게끔 배치를 하는 것이 좋습니다.

더불어 인접층에 pattern이 지나가지 않도록 하는 것이 좋습니다.

crystal이나 oscillator 등은 발진소자로 주변의 다른 부품이나 pattern에 영향을 주거나 받을 수 있기 때문입니다.

위 그림에서는 crystal 밑에 pattern과 부품이 있는 것처럼 보이지만 해당 부분은 4층 기판에서 4층에 위치해 있으므로 크게 영향을 받는 부분이 아닙니다.

그 외의 부품들은 data sheet에 guide되어 있는 내용을 참고하거나 회로상에 그려져 있는 것과 같이 중요도에 따라 근거리 배치 또는 원거리 배치를 하면 됩니다.

※ 꼭 알아두어야 할 용어

☞ **wire harness**

그림과 같이 일반적으로 사용되는 cable로 전원 등에서 연결되는 개별의 cable을 connector에 물려서 여러 개의 cable을 하나로 연결해 주는 것을 말합니다.

☞ **FFC(Flexible Flat Cable)**

다음 그림과 같이 평행한 여러 개의 cable을 얇고 납작하게 하여 만든 cable을 말합니다. 양면과 단면의 2종류가 있으며, wire harness와 같이 움직임이 자유롭지 않습니다.

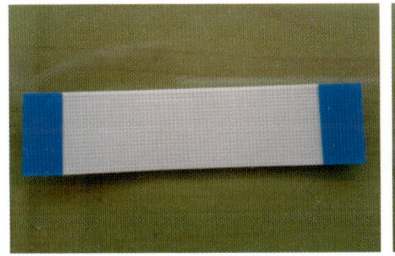
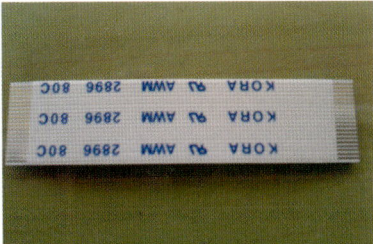

☞ by-pass capacitor(de-coupling capacitor)
IC 스스로 발진하거나 오동작을 일으키는 것을 막아주기 위해서 달아 주며, IC와 가까이 위치해야 하며, 고주파 ripple(noise)을 막아주는 역할을 합니다.

☞ pull-up / pull-down
저항에 VCC를 연결해 주는 것을 pull-up resistor라고 하고, 반대로 저항에 그라운드를 연결해 주는 것을 pull-down resistor라고 합니다.

☞ MLCC(Multi-Layer Ceramic Capacitor)
일반적인 chip capacitor를 말하며, 금속판 사이에 전기를 유도하는 물질을 넣어 전기를 저장했다가 필요에 따라 안정적으로 회로에 공급하는 기능을 합니다.

☞ 상호 인덕턴스
두 inductor가 있다고 가정할 때 각각의 전류에 의해 생성된 자속이 다른 inductor를 통과하면서 inductor 자체의 쇄교자속 이외의 다른 inductor에 의한 쇄교자속이 추가되게 됩니다. 이로 인해서 전기적으로 분리가 되어 있어도 멀리 떨어진 inductor에도 유도기전력이 유도될 수 있습니다.

> **쇄교자속**
> 연결이 되는 것을 말합니다. inductor를 coil이라고도 하는데 예를 들어 권수가 10이라면 1에 해당하는 자기장의 10배에 해당하는 자기장을 가지게 되는 것처럼 전류는 일정하게 흐르지만 자기장은 권선을 감은 횟수만큼 증가하는 것을 말합니다. 즉, A라는 inductor에 1이라는 자기장이 있는 상태에서 다시 B라는 inductor의 1이라는 자속과 만나면 그만큼 증가한다는 의미로 보면 됩니다.

4. Routin Guide

4-1 Routing의 기초

PCB 설계를 함에 있어 Routing은 중요하면서도 기초적인 작업입니다. 그러면 Routing을 할 때 중요한 것들은 무엇인지 살펴보도록 하겠습니다.

흔히 많이 듣는 이야기이지만 간략하게 적어보겠습니다.
1. 배선 길이를 짧게 하라.
2. Power pattern을 두껍게 해라.
3. Loop를 형성하지 마라.
4. Crosstalk를 만들지 마라.
5. Critical한 신호에 대해서는 다른 신호와 적당히 이격하라.

위 내용에 대해 하나하나 짚어가며 설명해보도록 하겠습니다.

배선 길이를 짧게 하라.

너무나도 당연하고 기초적인 내용입니다. 길이를 짧게 하라는 것은 전자에서 보면 길이가 길수록 L값이 형성이 되고 그에 따라 손실이 생기기 때문입니다.

하지만 PCB 설계를 하다보면 모든 신호를 다 짧게 할 수는 없습니다. 그렇기 때문에 같은 조건에서 어떤 것을 짧게 해주고, 어떤 것은 좀 길게 해도 되는지를 알아야 합니다.

쉽게 예를 들어 설명해 보겠습니다. 2개의 물줄기가 있다고 했을 때 A

라는 하천과 B라는 하천이 똑같은 구조로 되어 있고, A라는 하천은 1km의 길이로 되어 있고, B라는 하천은 2km라고 가정할 때 각 하천에 종이배를 띄웠다고 가정을 해봅시다. 어떤 종이배가 목적지까지 잘 올 수 있을까요? 이렇게 말을 하면 다들 똑같이 느끼셨으리라 생각이 됩니다. 종이배가 원형 그대로는 못 온다 할지라도 적어도 짧게 온 배가 긴 거리를 온 배보다는 외부적인 영향을 조금이라도 덜 받을 수 있습니다. 더불어서 더 빨리 도착을 할 수 있겠죠.

여기서 중요한 것 2가지가 나오게 됩니다.

길이가 짧으면 신호가 더 빨리 도달을 하고 외부적인 영향을 그만큼 적게 받는다는 것입니다.

그러한 것은 어떻게 판단을 할까요? 이렇게 생각하면 될 것 같습니다. 어떤 신호가 noise, 즉 외부 신호에 민감한 것인지를 말이죠. 보편적으로 아날로그 신호들은 noise에 민감합니다. 그렇기 때문에 가능하다면 짧게 해주는 것이 좋습니다. 반대로 디지털 신호는 아날로그 신호처럼 noise에 민감한 편은 아닙니다.(일부 민감한 신호들도 있습니다.)

다시 정리하자면 디지털 신호보다는 아날로그 신호를 먼저 짧게 연결을 해주는 것이 좋습니다.

더불어 주파수가 높거나 Clock 신호들은 가능하다면 짧게 해주는 것이 좋습니다. Clock 신호들은 외부의 영향을 받을 때 동작에 영향을 줄 수 있기에 길이도 짧게 해주어야 하지만, pattern의 두께도 일반 신호보다는 두껍게 해주는 것이 좋습니다.

Power pattern을 두껍게 해라.

너무도 당연한 이야기입니다. 굳이 설명이 필요 없는 내용이지만 그래도 설명을 드리자면 Power pattern은 두껍게 해주어야 합니다. 하지만 Power pattern이라고 전부 다 두껍게 해 줄 필요는 없습니다. 보드가 여유가 있다면 두껍게 해주어도 상관은 없지만 여유가 없는 보드에서는 아무런 의미 없이 power pattern이라는 이유로 두껍게 하는 것은 아닙니다.

먼저 power pattern은 왜 두껍게 해야 하는지를 설명해 드리겠습니다.

일반적으로 전압이 높아서 pattern을 두껍게 하는 경우도 있지만 그런 부분은 드물고 pattern의 폭을 결정하는 것은 해당 전원에 흐르는 전류량 입니다. 왜 전류량에 따라 pattern의 두께(width)를 결정하는지 궁금해 하는 분들이 계실 듯 합니다.

위와 같이 물의 흐름으로 비교를 해보겠습니다.

기본적으로 전압은 물의 흐르는 세기 즉, 물살을 나타냅니다. 전류는 물의 량을 나타내고요.

이 정도면 어느 정도 아시겠죠. 다시 한 번 비교를 해보겠습니다.

두 개의 하천이 있는데 깊이는 1m로 동일하지만 한쪽은 폭이 1m이고 다른 한 쪽은 2m라고 가정을 해보았을 때 단면적으로 볼 때 1일 때 1이라는 물의 양이 흐른다고 보면 폭이 1m인 하천은 최대 1이라는 물의 양을 흘릴 수 있고, 반대로 폭이 2m인 하천은 최대 2까지 흘릴 수 있습니다.

여기서 두 개의 하천에 1.5의 물의 흐른다고 보면 폭이 2m인 하천은 물이 여유있게 흐르겠지만 1m인 하천은 최대로 흐를 수 있는 한계를 넘어서 결국에는 범람을 하게 됩니다. 이제 이해가 되시죠?

PCB로 본다면 1A가 흐를 수 있는 폭을 확보하지 못한다면 pattern이 전류의 양을 감당하지 못하고 타게 됩니다. 즉, 화재가 날 수 있습니다.

결론적으로 pattern의 폭을 결정하는 것은 전류의 양에 비례한다는 것입니다.

각 전류의 양에 따른 pattern의 width를 결정하는 방법은 뒤에서 다시 알려드리겠습니다.

Loop를 형성하지 마라.

이 부분은 대부분 전원이나 일부 신호에 해당이 됩니다.

Loop는 고리라는 뜻으로, 말 그대로 고리를 만들지 말라는 것입니다.

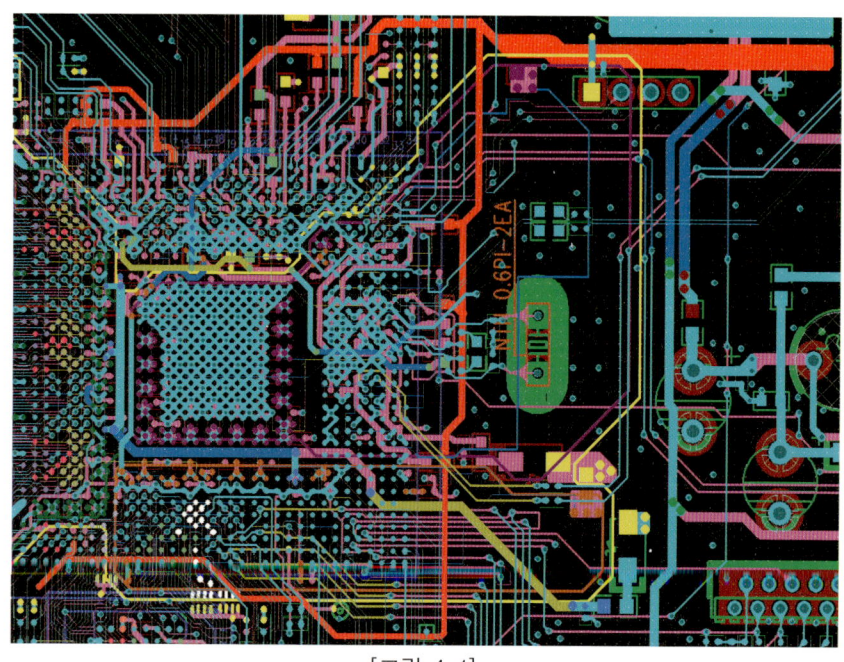

[그림 4-1]

[그림 4-1]에서 붉은색으로 highlight된 것과 같이 전원 등 많은 부품과 연결이 되는 신호는 메인 신호선이 가면서 가지를 내는 형식으로 형성해 주는 것이 좋습니다.

Loop라는 것은 그림의 좌측 끝 두 신호가 서로 연결되는 구조를 말합니다. 그럴 경우 불필요한 신호선이 돌게 되는 경우도 있지만 전원의 경우에는 다른 곳의 전원 Noise를 전파하는 형상이 발생하게 됩니다. 그러한 문제로 loop를 형성하지 말라고 하는 것입니다.

결론적으로 전원의 경우 가지를 내면서 깨끗한 전원을 주어야 한다는 것으로 이해하시면 됩니다.

Cross-talk을 만들지 마라.

이 또한 모든 pattern 설계의 기본입니다.

pattern은 가장 가까운 거리에 있는 신호의 영향을 받는데 pattern 설계를 편하게 하기 위해서는 격자형 구조로 설계를 하지만 격자형 구조로 하는 것이 cross-talk을 막기 위한 것이기도 합니다.

인접 층간에 pattern이 평행하다면 평행한 만큼 영향을 받을 수 있습니다.

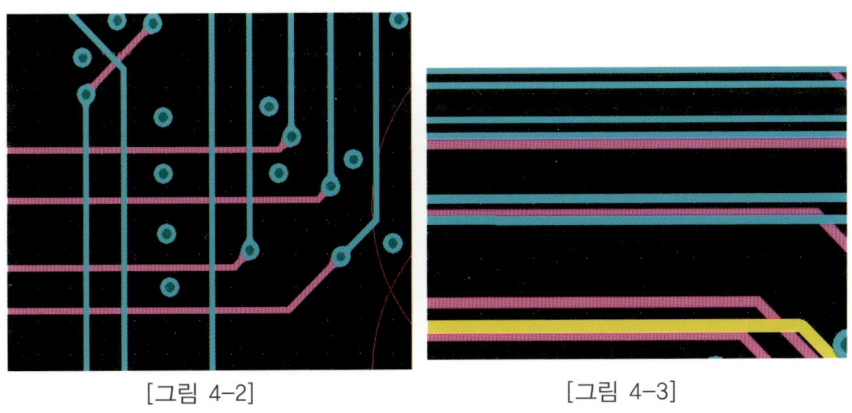

[그림 4-2]   [그림 4-3]

위 그림은 모두 인접층 간 신호는 아니지만, 인접층 간 신호라고 가정해서 설명을 드리겠습니다.

[그림 4-2]는 격자형 구조로 되어 있고, [그림 4-3]은 평행 구조로 되어 있습니다.

모든 신호에는 자장이 발생하는데 자장은 pattern을 따라 발생합니다.

[그림 4-3]은 자장이 발생하는 영역이 평행하여 같습니다. 이럴 경우 서로 간에 자장이 겹쳐서 두 신호 간의 영향을 받게 됩니다. critical한 신호라면 동작에 오류를 줄 수도 있는 부분입니다.

반대로 [그림 4-2]의 경우는 격자형 구조라 두 신호 간의 자장이 겹치지 않는 구조로 되어 있습니다.

정리하면 cross-talk을 예방하기 위해서는 기본적으로 신호라인 바로 인접층에 전원을 형성(power or ground)해 주거나 어쩔 수 없이 pattern을 형성해야 한다면 평행 구조가 아닌 격자형 구조로 해주어야 합니다.

Critical한 신호에 대해서는 다른 신호와 적당히 이격하라.

위에 설명한 부분과 어느 정도 비슷한 내용입니다.

Critical한 신호라는 것은 외부의 영향을 받지 않도록 해야 하는 라인입니다. 그 이유는 주변 Noise에 약하거나 주변 신호에 영향을 받게 되면 동작에 오류 또는 영향을 줄 수 있기 때문입니다.

그러한 것을 막기 위해서는 앞에 설명한 cross-talk을 예방하기 위한 설계를 하거나, [그림 4-4]와 같이 pattern의 width을 조금 더 주고 신호 간 이격거리를 주거나, 두 신호 사이에 그라운드를 형성해서 벽을 만들어주는 것이 좋지만 가장 좋은 방법은 해당 그라운드에 via을 뚫어서 다른 층과 연결을 해주는 것입니다.

참고로 두 신호 사이에 그라운드 via는 적당히 형성해 주는 것이 좋습니다. 그라운드 via의 역할은 return-path를 줄여서 주변의 Noise를 줄여주는 역할을 해준다고 보면 됩니다. Via 간 거리는 RF에서는 많이 사용하지만 너무 촘촘히 있기 보다는 적당한 거리를 두고 형성해 주는 것이 좋습니다. 이 부분에 대해서는 뒤에 또다시 설명하도록 하겠습니다.

[그림 4-4]

※ 꼭 알아두어야 할 용어

☞ **Cross-talk**

두 신호가 평행하여 서로에게 영향을 주는 것을 말합니다. cross-talk을 막기 위해서는 격자 구조로 설계를 해주거나, 인접층에 전원을 형성해 주는 것이 좋습니다.

☞ **Loop**

단어의 뜻 그대로 고리를 말합니다. 고리를 형성하지 말라는 의미이며, 기본적으로 전원 설계를 할 때에는 Loop 형성을 해주면 안 되며, 한 그루의 나무처럼 몸에서 시작해서 각 필요한 곳에 가지를 쳐서 보내주는 형상으로 설계를 해주어야 합니다.

☞ **Critical signal**

외부 신호로부터 보호해야 하는 신호 또는 Noise에 약한 신호를 말합니다.

일반적으로 Impedance 신호, 영상 신호, 음성 신호, clock 신호 등이 있습니다.

☞ **Return-path**

모든 신호는 +가 있으면 -가 있습니다. 일반적인 신호 라인은 인접층이나 주변의 그라운드를 통해서 돌아가는 것을 말합니다. 중간에 그라운드 via가 있다면 via를 기점으로 via 사이에서 형성됨으로 return-path가 짧아지게 됩니다.

return-path는 가능한 한 짧게 해주는 것이 좋습니다.

4-2. Pattern width 값 설정

PCB를 설계하는데 있어서 pattern의 폭을 얼마를 줄 것인지는 누구나 고민하는 부분이라 생각이 됩니다. 특히 전원에 대한 부분은 더욱 그럴거라 생각이 됩니다. 그렇다고 무조건 두껍게만 할 수도 없는 부분입니다.

여기서는 일반 신호에 대한 부분보다는 전원에 대한 pattern width값을 결정하는 것에 대해 이론적인 부분과 더불어서 이야기를 하고자 합니다.

우리가 흔히 많이 듣는 이야기로는 1A=1mm라는 것입니다. 무조건 근거 없는 이야기라고는 할 수 없지만 설계를 할 때 1A일 때 또는 2A일 때 pattern의 두께를 얼마를 하면 커버해 줄 수 있다는 값을 안다면 설계를 하는데 훨씬 수월할 거라 생각됩니다.

실제로 밑에서 이론에 대한 부분을 포함해서 언급을 하겠지만 1A의 전류라면 1mm의 pattern width까지는 필요하지 않습니다. 물론 대략 4A 정도가 되면 대략 4mm가 되고 이후부터는 A < pattern width 구조로 이루어지게 됩니다.

마지막으로 아래 설명 드리는 부분은 이론적인 부분입니다. 가장 이상적인 구조에서 나오는 것이죠. PCB 제조를 하다보면 etching 등에서 조금씩 깎이는 부분 등이 생기므로 +α를 감안하시어 참고하면 될 듯합니다.

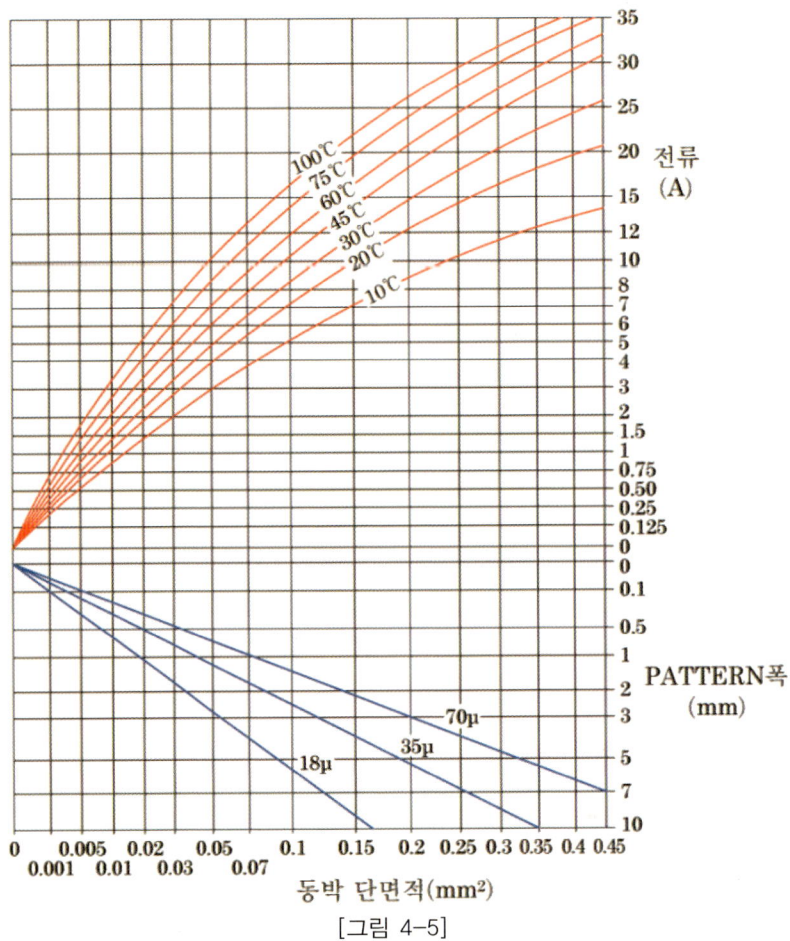

[그림 4-5]

[그림 4-5]는 웹상에서 구할 수 있는 전류에 대한 pattern width를 나타낸 것입니다. 여기서 온도로 나타내는 것은 "온도 상승으로 PCB의 최대 안전 동작온도에 사용 장소의 최대 주위 온도를 빼 준 것"을 말합니다. 보통 10도로 보면 됩니다.

위 표를 보면 18μm에 1A일 경우에는 0.6~0.7mm 정도가 되고, 2A일 경우에는 대략 1.8mm 정도로 보입니다. 해당 표를 보는 방법은 다음과 같습니다. 먼저 전류값을 전해서 왼쪽으로 온도 그래프와 만나는 부분으로 갑니다. 다시 만나는 부분에서 아래 그래프로 동박 두께 그래프와 만나는 부분까지 내려 봅니다. 이제 만나는 부분에서 다시 오른쪽 pattern 폭으로 따라가면 pattern의 폭을 알 수 있습니다.

이제 수식으로 정리해 보겠습니다.

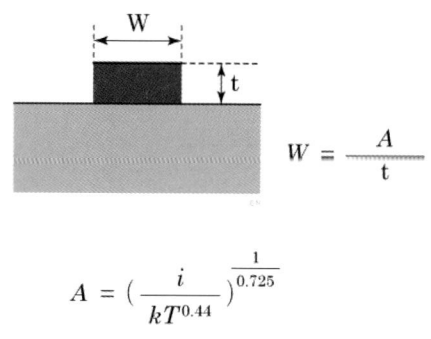

$$W = \frac{A}{t}$$

$$A = \left(\frac{i}{kT^{0.44}}\right)^{\frac{1}{0.725}}$$

[그림 4-6]

[그림 4-6]은 http://www.pcblibraries.com에서 찾은 자료입니다.
위 그림에서 수식에 대한 설명을 하자면

    W : pattern width

    t : pattern thickness(oz)

    A : pattern의 단면적

I : 전류(A)

T : 상승 온도

k : 감쇄 상수(외층 $k=0.048$, 내층 $k=0.024$)

☞ 위 계산의 기본 단위는 mm가 아닌 mil입니다. mm로 보기 위해서는 모든 계산이 끝난 후 mil 단위를 mm로 변환하면 됩니다.

위 수식을 이용해 일반적으로 많이 사용하는 외층 0.5oz(18μm), 내층 1oz(35μm), 상승온도를 10으로 했을 때 계산을 해 보면

1A일 때 외층의 경우는 0.6mm, 내층은 0.8mm

1.5A일 때 외층의 경우는 1.1mm, 내층은 1.4mm

2A일 때 외층의 경우는 1.5mm, 내층은 2.1mm

2.5A일 때 외층의 경우는 2.1mm, 내층은 2.8mm

3A일 때 외층의 경우는 2.7mm, 내층은 3.6mm입니다.

위 계산식은 소수 둘째 자리에서 반올림으로 해서 나온 계산값입니다. 결과적으로 상승온도가 높거나, 단면적이 커지면 반대로 pattern width는 작아지는 구조입니다. 여기서 의문점이 하나 생길 겁니다. 외층보다 내층의 동박 두께가 더 두꺼운데 왜 더 두껍게 해야 하는지 말이죠. 그 부분은 정답이라고 말을 할 수는 없겠지만 제가 예상하기에는 유효유전율과 관계가 있다고 생각됩니다.

PCB에는 유전율이 존재합니다. FR-4의 경우 대략 4.0~4.6 정도가 됩니다. 이 유전율을 4.4로 잡았을 때 외층과 내층의 유효유전율(실제 유전율)의 차이는 얼마가 될까요?

외층의 경우 밑면에 4.4라는 유전율과 상면에 공기의 유전율 1의 조합

이 됩니다. 그래서 계산해 보면 적층 구조와 적층 수에 따라 차이는 있지만 2.6~3.2 사이 정도로 계산이 됩니다. 하지만 내층의 경우는 위, 아래가 모두 동일한 4.4라는 유전율을 가지고 있기에 내층의 유전율은 동일한 4.4입니다.

유전율이 낮다는 것은 그만큼 전달속도가 빠르다는 것입니다.

이제 이해가 되는지요? 안되었다면 다시 물에 비유해 설명해 보겠습니다.

외층이라 할 수 있는 A라는 하천과 내층이라 할 수 있는 B라는 하천이 있습니다. 양쪽 모두 1ton(물의 양은 전류값입니다)의 물을 흘린다고 가정을 합니다. 다만 A라는 곳과 B라는 곳의 차이는 A에 비해 B에는 바위들이 (유전율 차이) 좀 더 많다는 것입니다. 그럴 경우 어디가 더 빨리 도착을 할까요? 당연히 장애물이 적은 A가 더 빨리 도착을 할 것입니다. 그렇다면 B라는 곳도 A와 동일하게 도착하게 하려면 어떻게 해야 할까요? 물의 양을 줄이거나 장애물이 있는 만큼 저항을 덜받게 하기 위해서 하천의 폭을 넓혀주어야 합니다. 이제 이해가 좀 되셨죠?

결론적으로 PCB pattern은 전류값, 내/외층 차이, 상승 온도, 동박 두께 등과 연관이 있습니다. 뒤에 표로 정리된 부분 참고 바랍니다.

예를 들어서 높은 전류를 흘려야하는 보드에서는 0.5oz로는 한계가 있습니다. 그렇다고 pattern 폭을 키우는 것도 한계가 있고 이럴 경우에는 동박 두께를 조절합니다. 1oz 또는 2oz로 동박이 두꺼워진 만큼 pattern의 폭을 적절히 활용할 수 있기 때문입니다. 때로는 2개 이상의 층으로 라우팅을 해주기도 합니다. 그 외에 대전류가 흐르는 보드에서는 Metal PCB를 통해서 해결을 해주기도 합니다.

마지막으로 전원을 설계할 때 메인 pattern은 최대 전류치를 감안해서 폭을 형성해 주지만 가지를 치는 부분에서 연결되는 IC 등의 최대 전류를 감안해서 pattern폭을 조절해주면 됩니다.

[전류와 pattern과의 관계표]

패턴 폭	0.5oz 허용 전류값(A)		1oz 허용 전류값(A)		2oz 허용 전류값(A)	
	외층	내층	외층	내층	외층	내층
0.3mm	0.61	0.30	0.99	0.49	1.65	0.82
0.4mm	0.75	0.37	1.23	0.61	2.03	1.01
0.5mm	0.89	0.44	1.44	0.72	2.39	1.19
0.6mm	1.01	0.50	1.65	0.82	2.72	1.36
0.7mm	1.14	0.57	1.84	0.92	3.05	1.52
0.8mm	1.25	0.62	2.03	1.01	3.36	1.68
0.9mm	1.36	0.68	2.21	1.10	3.66	1.83
1.0mm	1.47	0.73	2.39	1.19	3.95	1.97
1.1mm	1.58	0.79	2.56	1.28	4.23	2.11
1.2mm	1.68	0.84	2.72	1.36	4.51	2.25
1.3mm	1.78	0.89	2.89	1.44	4.78	2.39
1.4mm	1.88	0.94	3.05	1.52	5.04	2.52
1.5mm	1.98	0.99	3.2	1.60	5.30	2.65
1.6mm	2.07	1.03	3.36	1.68	5.55	2.77
1.7mm	2.16	1.08	3.51	1.75	5.80	2.90
1.8mm	2.26	1.13	3.66	1.83	6.05	3.02
1.9mm	2.35	1.17	3.80	1.90	6.29	3.14
2.0mm	2.44	1.22	3.95	1.97	6.53	3.26
2.1mm	2.52	1.26	4.09	2.04	6.76	3.38

[다음 계속]

패턴 폭	0.5oz 허용 전류값(A)		1oz 허용 전류값(A)		2oz 허용 전류값(A)	
	외층	내층	외층	내층	외층	내층
2.2mm	2.61	1.30	4.23	2.11	7.00	3.50
2.5mm	2.86	1.43	4.64	2.32	7.68	3.84
3.0mm	3.27	1.63	5.30	2.65	8.76	4.38
3.5mm	3.66	1.83	5.93	2.96	9.80	4.90
4.0mm	4.03	2.01	6.53	3.26	10.79	5.39
5.0mm	4.74	2.37	7.68	3.84	12.69	6.34

※ 모든 단위는 소수 셋째 자리 내림으로 하였습니다.(허용 전류값)

위 표에서 계산된 값을 [그림 4-5]와 연결해보면 약간의 차이는 있겠지만 비슷하다는 것을 알게 될 겁니다.

위 표에서 계산된 값은 이상적인 조건에서의 이론값입니다. 실제 PCB를 설계하고 제조를 하다보면 etching에서 깎이는 등 여러 가지 변수들이 있어서 차이가 발생할 수 있습니다. 그러한 부분에 대해서는 배제된 것이니 실제 작업을 할 때에는 그러한 부분을 감안하기 바랍니다.

위 표는 참고용으로 해서 사용하면 됩니다.

※ 꼭 알아두어야 할 용어

☞ **유효유전율**

PCB의 유전율만으로는 정확한 특성을 알 수 없기에 PCB와 PCB 외적인 부분을 하나로 보고 해당 유전율을 나타낸 것을 말합니다.

☞ **Etching**
  PCB 제조 공법의 하나로 전기화학적으로 부식시키는 방법을 말합니다.

☞ **Metal PCB**
  PCB 종류 중 하나로 열이 많거나 대전류가 흐르는 PCB를 설계할 때 사용되는 PCB로 단면에서부터 양면, Multi layer까지 구현이 가능하며, 동박의 두께는 1oz에서 10oz까지이고, 주 재질은 알루미늄을 사용하여 열전도율을 높인 PCB를 말합니다.
  재질 자체가 단단하다보니 제조에서도 일반 PCB와 차이가 있습니다. 기본적으로 PCB의 외형은 금형으로 이루어지고 설계적인 제약이 일반 PCB보다 많이 있습니다.

4-3. Via size 설정

PCB를 설계할 때 pattern width에 못지 않게 via size를 결정하는 것도 고민거리 중 하나입니다. 일반적으로는 0.3/0.6via나 0.4/0.8via를 사용하지만 여기서 말하고 싶은 부분은 pattern과 동일하게 전원에 따른 via, 다시 말해서 어느 정도 size의 via이면 몇 A의 전류를 흐르게 할 수 있는지를 살펴보고자 합니다.

Via도 pattern과 비슷하게 계산이 됩니다. 다만 via는 도금 두께에 대한 단면적을 계산해서 적용을 해줍니다.

Pattern의 width값을 정하는 수식에서 전류에 대한 수식으로 전계를 해보면

$$I = k \times T^{0.44} \times A^{0.725}$$가 됩니다.

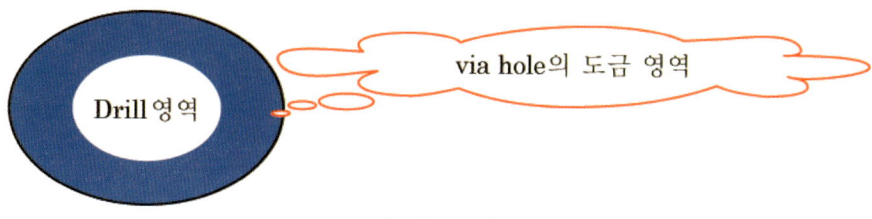

[그림 4-7]

여기서 감쇄 상수 k는 via도 내층을 통과하므로 내층과 동일하게 k값을 0.024로 설정하여 계산을 해줍니다. T는 pattern 식과 마찬가지로 상승온도, A는 [그림 4-7]의 color로 표시되어 있는 via hole의 도금 영역의 단면적을 나타냅니다.

Via hole의 도금 영역의 단면적을 A라고 할 때

단면적 $A=\pi\left[(\frac{\text{Drill 영역}}{2}+\frac{\text{via hole 도금 영역}}{2})^2-(\frac{\text{Drill 영역}}{2})^2\right]$ 으로 계산하면 됩니다.

Data값을 넣어 계산해 보면 일반적으로 홀 속 도금 두께로 20~25μm을 많이 사용합니다. 아래 계산에서는 상승온도를 10으로 하고 20μm으로 계산을 해보면 다음과 같습니다.

모든 mm 단위는 mil 단위로 변경해서 계산을 해야 합니다.

Drill 영역이 0.4ϕ는 약 0.97A

0.6ϕ는 약 1.29A

1ϕ일 때는 약 1.85A가 됩니다.

Via에 대한 전류의 최대 허용치는 다음 표와 같습니다.

Drill 직경	도금 두께에 따른 최대 전류 허용치(A)	
	20μm	25μm
0.4φ	0.97	1.15
0.5φ	1.13	1.34
0.6φ	1.29	1.52
0.7φ	1.44	1.70
0.8φ	1.58	1.86
0.9φ	1.72	2.03
1.0φ	1.85	2.18
1.1φ	1.98	2.34
1.2φ	2.11	2.48
1.3φ	2.23	2.63
1.4φ	2.35	2.77
1.5φ	2.47	2.91
2.0φ	3.04	3.58
2.5φ	3.57	4.20
3.0φ	4.07	4.79

※ 모든 단위는 소수 셋째 자리 내림으로 하였습니다.(허용 전류값)

위의 표도 앞에 표현되었던 「전류와 pattern과의 관계식」과 마찬가지로 여러 변수가 감안되지 않은 값이므로 계산식은 참고용으로만 사용하기 바랍니다.

더불어 전원에 대한 via는 전류값에 따라 한 개보다는 복수 개의 via를 사용하는 것이 좋습니다.

복수 개의 via를 사용하는 게 좋은 이유는 전압에 대한 drop(하락)을 예방할 수 있고, via의 smear(얼룩)나 crack(균열) 등으로 불량이 생기더라도 한 개만 사용했을 때보다 전원 line에 대한 안전성을 가져갈 수 있기 때문입니다.

※ 꼭 알아두어야 할 용어

☞ **Smear**

PCB의 제조 공정에서 나올 수 있는 잠재적 불량의 원인으로 drill 공정 후 drill에 의한 분진물이나 에폭시의 잔재를 제거하기 위해서 도금 전에 화학약품을 통해서 분진물들을 제거하기 위해서 de-smear라는 공정을 하게 되는데 이 공정에서 제대로 제거되지 않고 도금이 되면 도금벽에 틈이 생기고, PCB 동작 중 열에 의한 틈이 팽창하면서 단락을 시키거나 crack을 유발하는 현상을 말합니다.

5. PCB 경제 사이즈

경제 사이즈라는 것은 PCB를 설계하다보면 자주 들을 수 있는 이야기 중 하나입니다. 경제 사이즈를 알고 설계를 한다는 것은 수율을 그만큼 높여서 PCB 원판의 버려지는 부분을 최소화해서 PCB 수량을 늘릴 수도, size를 키워서 EMC 등 다른 여러 가지를 고려할 수도 있기에 그만큼 PCB 단가를 낮출 수 있다는 것입니다.

PCB 원판 size는 크게 2가지로 나눌 수 있습니다.

첫 번째는 양산을 주로 하는 업체에서 사용하는 1,020mm×1,220mm Jumbo size가 있고, 두번째는 sample을 주로 하는 업체에서 사용하는 1,000mm×1,000mm인 Square meter(제곱미터)가 있습니다.

보통 업체에서는 위 원판을 가지고 4등분, 6등분, 9등분 이상으로 나누어 관리를 하고 PCB 제조에 투입하게 됩니다. 위 재단 과정에서도 재단 부위에 따라 대략 3mm 내외의 loss size(손실 크기)가 발생하게 됩니다.

재단된 원판을 PCB 업체에서는 size에 맞게 배열을 하고 공정을 흘리게 되는데 이 배열 과정에서도 loss size가 발생하게 됩니다.

[그림 5-1]은 업체에서 배열을 했을 때의 예를 보여주는 겁니다.

그림에서 파랑색과 녹색으로 그려진 부분은 loss size로 생각을 하면 됩니다. PCB를 제작하는데 필요한 공간이면서 제작 완료 후 버려지는 공간이라 할 수 있습니다.

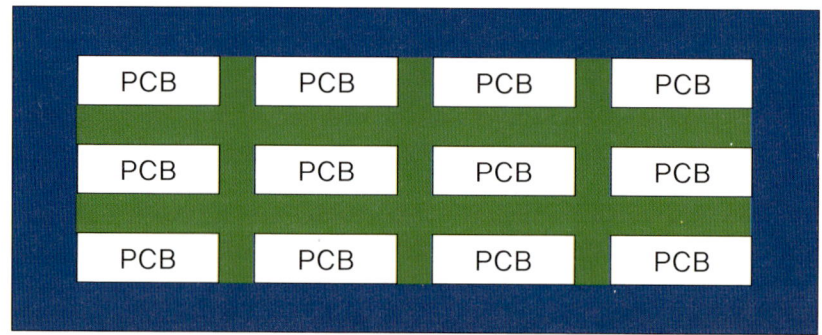

[그림 5-1]

[그림 5-1]에서 파랑색으로 표시된 부분은 PCB 제조를 위해서 작업이 필요한 공간이고, PCB 틈 사이의 녹색으로 표시된 부분은 배열을 하기 위해 사용되는 공간으로 보면 될 듯합니다.

Loss size는 업체마다 기술이나 공정 능력에 따라 조금씩 차이는 있지만 일반적으로 다음과 같이 계산을 합니다.

양면의 경우는 20mm, 멀티의 경우는 40mm의 여유 공간이 필요합니다.

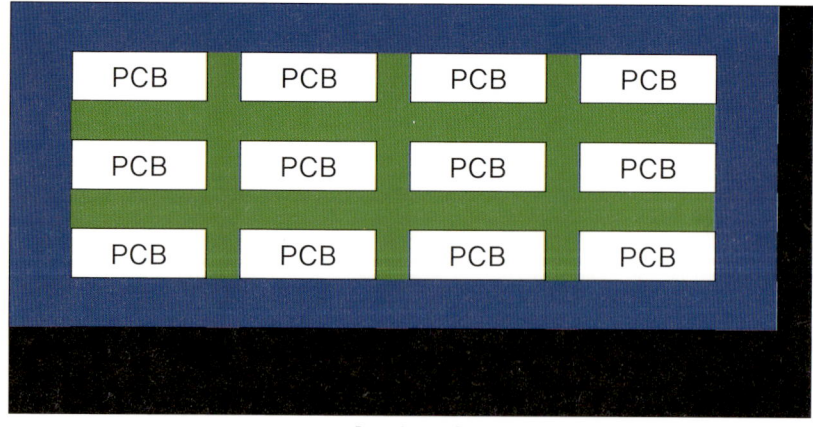

[그림 5-2]

[그림 5-2]를 보면 [그림 5-1]과 비슷하지만 검은색의 공간이 있습니다.

업체의 사정에 따라 차이는 있지만 종합적으로 설명을 한다면 파랑색의 공간은 PCB 제조를 위한 작업 공간으로 양면의 경우는 보통 20mm가 필요하고, 멀티의 경우는 약 40mm 정도의 공간이 필요합니다.

녹색 공간은 PCB 제품 사이에 연배를 하기 위해 필요한 공간으로 이 부분도 업체에 따라 다소 차이는 있지만 보통 3mm 내외에서 형성됩니다.

그 외에 검은색으로 표시된 공간은 버려지는 공간이라고 보면 됩니다.

경제 size라는 것은 이 검은색 공간을 최소화했을 때를 말하는 것입니다. 이 검은색 공간을 최소화하기 위해서는 array(배열) 작업을 통해서 할 수도 있고, PCB size 조정을 통해서도 가능합니다. 중요한 것은 처음 작업 할 때 이러한 부분을 미리 생각하고 PCB size를 정하는 것이 가장 좋은 방법이라는 겁니다.

예를 들어 PCB size가 100mm×80mm이고 단가가 100원이라면 이 100원의 단가의 영역이 100mm×110mm이고, 단가를 낮추기 위한 size가 80mm×70mm이지만 PCB 구조 등의 이유로 낮출 수가 없다고 가정을 했을 때 이럴 경우는 기구 등 여러 가지 size에 대한 제약이 없다면 같은 100원의 size를 키우는 것이 PCB 기능적인 면에서 공간 활용의 여유와 EMC적인 측면에서 좀 더 고려를 할 수 있기에 유리할 수 있습니다.

※ 꼭 알아두어야 할 용어

☞ **EMC(Electro Magnetic Compatibility)**

EMI와 EMS를 포괄하는 용어로 EMI는 다른 주변 기기에 영향을 주는 것을 말하고, EMS는 다른 전자기기로부터 자신을 보호하는 것을 말합니다.

즉, EMC는 전자기기에서 발생하는 noise를 감소시켜 다른 전자기기의 동작에 영향을 주지 않도록 하는 동시에 다른 전자기기로부터 noise의 영향을 차단하도록 하는 것을 말합니다.

※ EMI : Electro Magnetic Interference
※ EMS : Electro Magnetic Susceptibility

☞ **Loss size**

Loss size는 크게 두 가지로 나눌 수 있습니다.

첫 번째는 PCB를 업체에서 제작할 때 할당해야 할 꼭 필요한 공간이 있고, 두 번째는 [그림 5-2]에서처럼 활용이 안 되고 버려지는 공간을 포괄적으로 말합니다.

6. PCB array 방법

 PCB를 설계하다보면 size가 큰 보드의 경우에는 단품으로 제작을 하겠지만, 작은 size의 보드 또는 여러 소형 PCB의 경우에는 같이 묶어서 제작하는 경우가 있습니다. 이럴 경우 어떤 식으로 array를 하는 것이 좋은지 이야기를 나누고자 합니다.

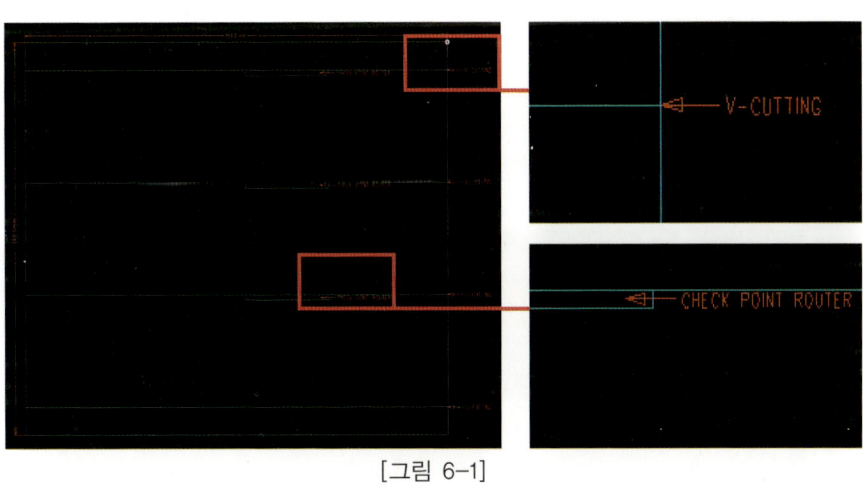

[그림 6-1]

 [그림 6-1]은 3-array한 board의 sample을 보여주고 있습니다.
 Array를 해줄 경우 앞 장에서 설명한 PCB 경제 size도 적절히 고려해서 해주는 것이 좋습니다. 추가로 생산적으로는 PCB array가 많은 것이 좋지만 PCB 제조 입장에서는 array가 많다면 불량에 대한 부담이 커지는 부분이므로 이러한 것을 적절히 고려해서 결정해야 합니다.
 [그림 6-1]에서는 V-cutting과 router에 대한 부분을 보여주고 있습니다.

여기서 V-cutting과 router의 차이를 알아야 할 듯합니다.

V-cutting은 PCB ass'y 작업이 끝난 후 보드를 분리할 때 쉽게 하기 위해서 양면으로 V자 홈을 내주는 것을 말합니다. V-cutting은 직각으로만 움직일 수 있습니다. 왼쪽의 그림에서 보면 중간에 위치 이동 없이 일직선으로 선을 그어준 것을 볼 수 있습니다. 위 작업을 하게 되면 분리 시 잔재들이 일부 남는 단점이 있습니다.

Router는 주로 board 중간에 여러 모양의 홀이나 곡선의 홀을 만들 때 사용되거나, 기구적인 문제 등으로 깔끔한 처리를 요할 때 사용이 됩니다.

Router는 장비나 재질 등에 따라 차이가 있지만 FR-4 기준으로 일반적으로는 2.0mm~1.5mm의 gap을 주어야 합니다. Router는 drill을 통해서 만들어 주는데 일반 drill은 위에서 아래로 뚫지만 Router용 drill은 옆면으로 회전하며 모양을 만들어 주게 됩니다.

[그림 6-2]

[그림 6-2]는 V-cutting되어 있는 PCB 사진으로 홈이 파여서 쉽게 자를 수 있도록 되어 있는 것을 볼 수 있습니다.

[그림 6-3]

[그림 6-3]은 Router 처리되어 있는 PCB 사진으로 곡선으로 되어 있는 부분을 router로 따낸 모습을 볼 수 있습니다.

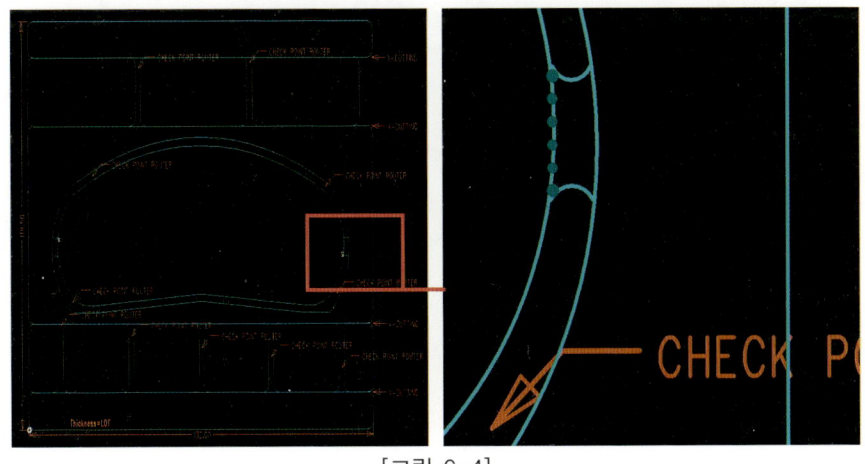

[그림 6-4]

[그림 6-4]의 경우는 V-cutting으로 할 수 없는 형태의 모양으로 되어 있으며, Router 처리를 하기에는 PCB를 잡아줄 수 없어서 양쪽으로 잡아주는 형태의 missing hole 처리를 한 그림입니다.

PCB array를 하는 것도 좋지만 PCB 제작 후 SMT 작업을 할 때 보드가 휠 수 있거나 또는 보드를 제대로 잡아주지 못해 crack이 생기거나 부러질 수도 있으며, 부품이 제대로 자리를 잡지 못하는 경우가 발생할 수 있습니다.

[그림 6-4]의 경우는 작업 후 분리할 때를 고려해서 좌우로 2개만 잡아주었습니다. 많이 잡아줄수록 위 그림보다 더 탄탄하게 잡아주겠지만 반대로 분리 시 어려움을 겪을 수도 있기에 적절하게 넣어주는 것이 좋습니다.

[그림 6-5]

[그림 6-5]에서는 missing hole 처리되어 있는 PCB의 모습을 볼 수 있습니다.

array 작업에서 가장 중요한 부분은 SMT 작업에서 부품을 기계가 찍어서 넣게 되고 wave soldering을 통해서 PCB가 납조를 지나감에 따라 열을 받게 됩니다. 이 과정에서 array가 잘못되어 있거나 보드에 힘이 없다면 보드가 휠 수도 있는 문제가 발생하게 됩니다. 다시 말해서 무조건적인 array를 하기보다는 보드 간의 분배를 적절히 하고, 보드의 힘 분배 또한 신경 써야 할 부분입니다. 그러기 위해서는 앞에서 설명한 V-cutting과 Router, missing hole 작업을 적절히 넣어주는 것이 좋습니다.

※ 꼭 알아두어야 할 용어

☞ **Array**
[그림 6-1]이나 [그림 6-4]의 왼쪽 그림과 같이 여러 보드 또는 하나의 보드를 배열하는 것을 말합니다.

☞ **V-cutting**
Array된 보드를 분리하기 위해 양면에 V자의 홈을 내주는 것을 말합니다.
톱니같은 것으로 홈을 만들어 주기에 직각으로만 작업이 가능하며, 작업 후 PCB 분리 시 burr 등이 발생할 수 있습니다.
※ burr : Drill 작업 시 발생하는 부적합 내용으로 Hole 주위의 동박이 연성에 의해 깨끗하게 절단되지 않고 늘어나 띠 모양으로 돌출된 형태를 말합니다.

Router

Drill로 작업을 하기에 재질이나 장비에 따라 차이는 있지만 일반적으로 2.0mm 이상의 gap만 있으면 작업이 가능하며, v-cut과는 달리 자유로운 형태의 모양으로 만들어낼 수 있습니다. 또는 burr 등 이물질이 없어야 하는 경우에도 사용하게 됩니다.

Missing hole

V-cut이 없이 router로 작업이 될 때 사용하게 되는데 보드를 잡아주기 위해서 router 사이에 덧살을 붙이고 덧살의 끝부분에 분리를 하기 위해 대략 0.5φ의 drill을 연속적으로 뚫어서 만들어주는 것을 말합니다.

SMT(Surface Mounting Technology)

말 그대로 표면실장 기술을 말합니다. PCB 제작 후 chip 부품을 원하는 곳에 올려놓는 공정을 말합니다.

Wave soldering

수삽 부품을 실장 후에 납을 올리기 위한 공정으로 흔히 납조 위에 PCB를 올려놓고 컨베이어를 타고 지나가면서 납을 올리는 작업 공정을 말합니다.

※ 수삽 : PCB 기판에 손으로 부품을 삽입하는 공정

제2부

파트별 설계 Guide

1. 전원 부분 설계 Guide

　전원 부분 설계에서 가장 중요한 부분은 전원을 받아서 새로운 전원으로 파생시켜주는 DC-DC 주변회로의 배치일 것입니다. 이후에는 배선작업이라 생각됩니다.
　먼저 DC-DC 배치에 대해서는 앞 장에서 이미 설명을 하였지만 다시 한 번 더 살펴보겠습니다.

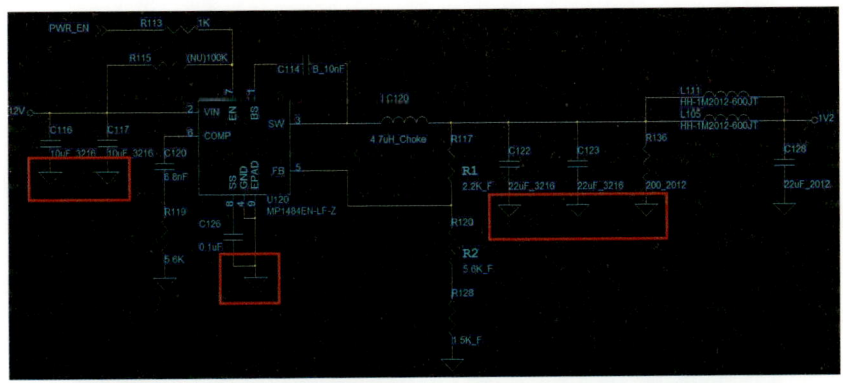

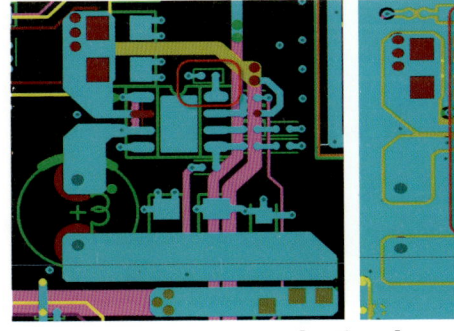 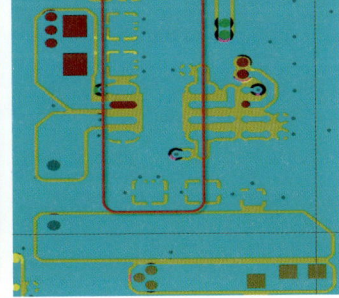

[그림 1-1]

Chapter 2. 파트별 설계 Guide • 67

[그림 1-1]은 앞에서 한 번 다루었던 부분입니다.

기본적으로 DC-DC를 설계할 때는 상단의 회로에서 붉은 박스 영역에 있는 그라운드, 즉 입출력 그라운드와 스위칭 IC의 그라운드는 하단의 왼쪽 그림 붉은 박스 영역과 같이 넓고 짧게 하나의 루트로 만들어주는 것이 좋습니다. 위와 같이 되지 않을 경우 전원 noise 등이 발생할 우려가 있습니다.

더불어서 하단 오른쪽 조그만 붉은 박스와 같이 전원용 capacitor는 IC에 가까이 배치하는 것이 좋습니다.

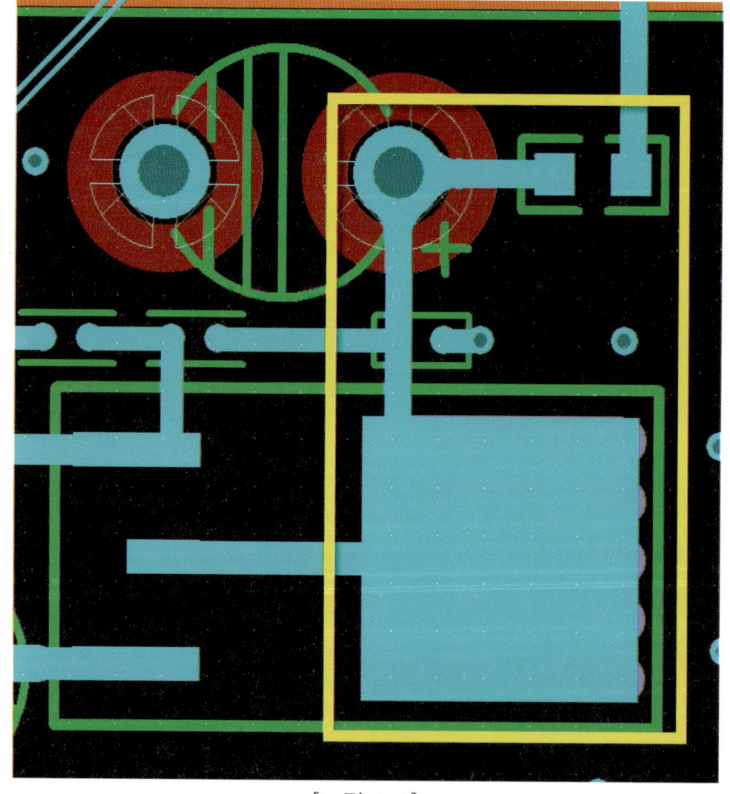

[그림 1-2]

Capacitor의 배치에 있어서도 출력전원에 있어서는 [그림 1-2]와 같이 MLCC를 거쳐서 E-cap를 지나 전원을 만들어주는 것이 좋습니다. 이와 같이 해주는 이유는 앞장에 설명한 것과 같이 MLCC를 통해서 고주파 noise를 제거하고 E-cap를 통해서 저주파 noise를 제거한 후에 전원 소스를 넣어주는 것이 좋기 때문입니다. 입력의 경우에는 capacitor를 가깝게 배치해 주어야 하고 간혹 전원의 안정화를 위해서 입력단에 E-cap를 붙여주는 경우가 있습니다.

전원에 있어서 배치 다음으로 중요한 부분은 배선 작업입니다. PCB를 구현할 때 어느 정도 두께로 어떻게 연결해 주느냐 하는 것도 보드의 안정성에 있어 무시할 수 없습니다. PCB pattern의 두께는 앞 장에 설명 드린 것처럼 전류에 비례하게 됩니다. 그러므로 전원을 설계할 때는 가장 먼저 각 전원의 블록도를 받아서 작업을 하는 것이 좋습니다. 그래야 안정적인 보드를 만들어줄 수 있습니다. 아무 정보가 없다면 pattern이 얇아도 되는 라인이 두껍게 만들어질 수도 있고 반대로 두껍게 구성되어야 하는 선이 얇게 형성이 될 수도 있기 때문입니다. 보드가 넓고 여유가 있다면 이러한 것들을 감안해서 하겠지만 보드 면적이 작다면 효율적인 설계를 위해서는 꼭 필요한 정보입니다.

PCB pattern width에 대해서는 일반적으로 이야기하는 부분도 있지만 앞 장에서 설명한 각 전류에 대한 pattern width값에 공정상 오차 등을 감안해서 효율적으로 활용하면 좋을 듯 합니다. 하지만 어디까지나 계산식에 의한 이론값이기에 단순 참고하여 작업하기를 미리 말씀드립니다.

추가로 전압에 대해서도 주의할 부분이 있습니다. 일반적인 낮은 DC 전압 설계에서는 큰 문제가 되지 않지만 전압의 차이가 크다면 잘 생각해서 설계를 해야 합니다. 앞 장에서 저자가 전류는 물의 양이고 전압은 물의 세기라고 이야기를 했었습니다. 물의 세기가 빠르다는 것은 주변 환경에 따라 물이 출렁이며, 주변으로 튈 수도 있다는 이야기가 됩니다. 주변으로 튄다는 것은 다른 신호에 영향을 줄 수도 있다는 의미로 해석하시면 될 듯 합니다. 쉽게 말해서 붉은색의 물과 바로 옆에 푸른색의 물이 흐른다고 가정할 때 두 하천의 거리가 가까워서 물이 튀어 조금이라도 섞인다면 물은 조금씩 오염이 되겠죠? 이 오염을 noise로 본다면 물살의 차이가 있는 두 하천 사이에 거리가 있을수록 오염될 확률은 줄어들고, 반대로 가깝다면 오염될 확률은 높을 것이겠죠? 결론적으로 전원회로에서 pattern width는 전류값에 따라 조절하면 되지만 pattern 간의 거리는 전압에 비례하여 조절을 해주면 됩니다.

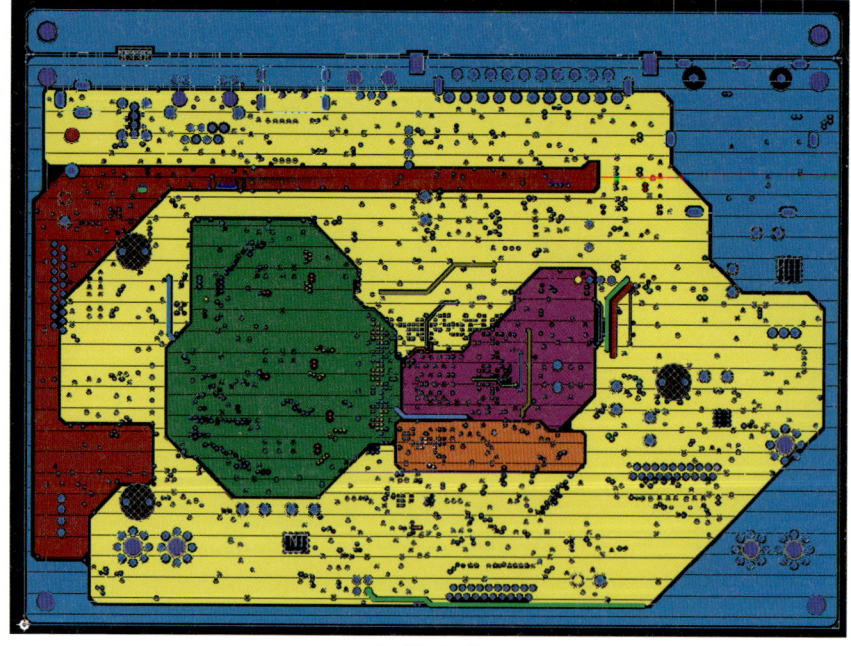

[그림 1-3]

[그림 1-3]은 MLB 보드에서 전원층의 plane 구조를 보여주고 있습니다.

양면 이하의 보드에서는 전원의 연결을 pattern으로 구성되지만 MLB에서는 그림과 같이 plane으로 구성을 해주게 됩니다. 이 부분은 중요한 부분 중 하나입니다. 보드를 설계할 때는 전원에 대한 로드맵이 있어야 한다고 앞에서 논했었습니다. 해당 자료를 보게 되면 보드를 전체적으로 많이 활용하는 전원이 있을 것이고, 많은 전류를 소비하는 전원도 있을 것입니다. 이러한 종류의 중요한 전원들은 pattern으로 구성하기에는 보드를 활용하는데 많은 제약이 생길 것입니다.

그때 해당 신호들은 내층에 전원 plane를 구성해 주어서 넓고 안정적으로 만들어줌과 동시에 전원 소스를 via 등을 통해서 연결시켜주는 것입니다. 그 외에 다른 전원들은 pattern으로 구성해 주는 것이 효율적으로 사용하는 방법입니다.

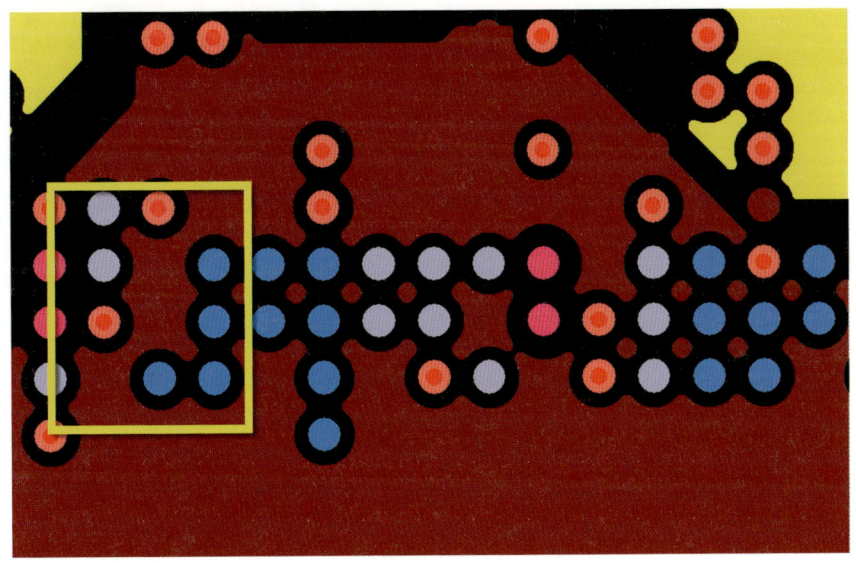

[그림 1-4]

[그림 1-4]는 전원층 plane을 구성한 화면입니다. 앞의 그림에서는 문제가 있습니다. 갈색으로 된 전원은 상단에 via를 통해서 전원을 공급받게 되지만 자세히 보면 노란색 박스 부분에 전원을 공급해줄 통로가 없습니다. 이럴 경우 전류가 한 곳에 밀집이 되고, 그림 상의 via들은 전류의 흐름을 막게 되는 것입니다. 위 그림에서 전류를 흐르게 하면 노란색 박스 쪽으로 전류가 몰리게 되고 전류가 몰린다는 것은 저항값이 크다는 것을 의미합니다. 이 현상을 생긴 모양에 비유해서 swiss-cheese라고도 합니다. 여기서 발생될 우려는 좁은 구역에 많은 양의 전류가 지나야하므로 열이 발생하고 더불어 EMI 방사가 발생할 수도 있습니다.

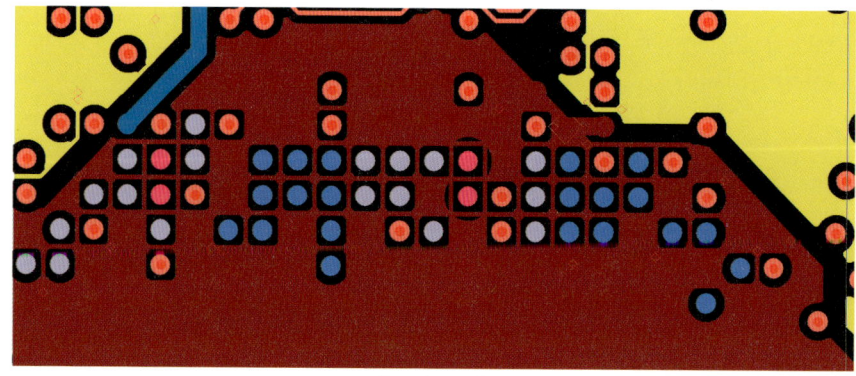

[그림 1-5]

[그림 1-5]는 [그림 1-4]의 swiss-cheese 현상을 막기 위한 방법입니다.

[그림 1-4]에서는 통로가 한 곳에 밀집되어 있어서 문제점이 있었지만 [그림 1-5]에서는 via 사이에 통로를 만들어서 갈색으로 된 plane의 상단의 전원에 연결되는 소스를 여러 곳에 전달하게 됨으로 안정적으로 전원을 공급할 수 있도록 만들어준 것입니다.

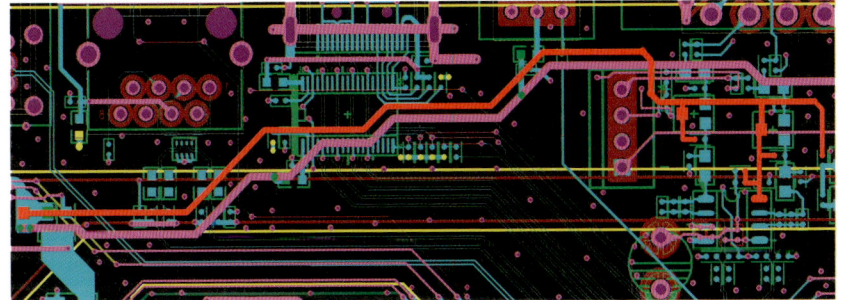

[그림 1-6]

[그림 1-6]은 전원 pattern 구성에 대해서 보여주고 있습니다.

앞 장에서도 언급했듯이 전원의 pattern은 그림 중 붉은색으로 highlight된 부분과 같이 전원 배선은 loop를 형성하면 안 되고 가지를 내어 연결해 주는 것이 좋습니다. 만약 가지를 내어 가지 않고 여러 경로를 거쳐서 가게 되면 각 IC 등 사용되는 전원 noise까지노 같이 실려서 다른 IC 등에도 영향을 주게 됩니다.

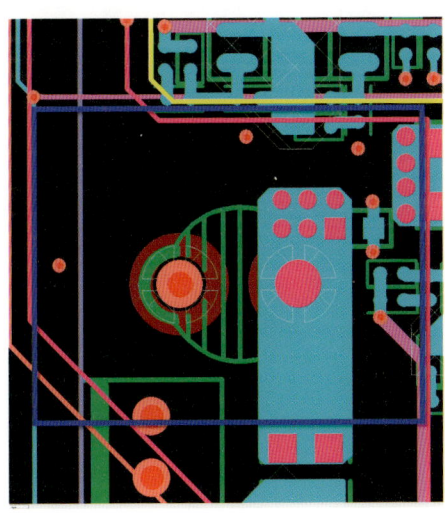

[그림 1-7]

전원을 설계할 때는 DC-Drop도 신경을 써야 합니다.

말 그대로 여러 영향으로 전압이 떨어지는 현상을 말합니다. 이러한 현상은 동작에 영향을 줄 수도 있는 부분입니다.

[그림 1-7]은 plane을 형성해 주는 부분을 보여주고 있습니다. 파란색 박스는 E-cap에서 plane을 형성해주는 영역을 보여주고 있습니다. 기본적으로 plane을 형성할 때 소스가 되는 부분에서는 주변의 영향을 적게 해주는 것이 좋습니다. plane 형성에 가장 큰 영향을 주는 것은 via입니다. 하천에 물줄기가 시작하는 곳이 넓고 장애물이 없다면 흐르는 물줄기가 온전히 가겠지만, 반대로 좁거나 장애물이 많다면 시작부터 많은 방해를 받기에 끝에 가서는 원하는 만큼의 물을 얻지 못할 수도 있습니다. 즉 소스 전원의 plane은 넓게 형성해 주고 가능한 한 주변의 via가 없도록 해주는 것이 좋습니다.

pattern의 경우도 마찬가지입니다. 층을 바꿀 때 via를 사용하게 되는데 via를 복수개로 사용하기를 권장하는 이유도 DC-drop 때문입니다. 전류가 약하고 pattern이 짧다면 상관이 없겠지만 전류량이 있거나 pattern의 길이가 있다면 via를 보충해 주는 것이 좋습니다. pattern의 경우도 마찬가지로 전류량에 비례해서 pattern width를 정하지만 길이가 짧지 않다면 DC-drop도 감안해서 pattern의 폭을 결정해 주는 것이 좋습니다.

[그림 1 8]

[그림 1-8]은 전원에 대한 그라운드의 via 처리에 대한 그림입니다.

그라운드의 via는 pattern이 두껍고 많은 전류가 흐르면 그만큼 via를 사용해서 그라운드로 빠지게 해주는 것이 좋습니다.

특히 plane을 형성하게 될 경우 전원을 via를 통해서 받게 되는데 이 경우 via를 사용함에 있어서도 lead 길이가 길지 않도록 가능한 한 짧게 복수개의 via를 사용하는 것이 좋습니다. 이는 Current loop를 짧게 해주어서 L값을 줄여주기 위함입니다. 일반적으로 via를 사용하게 되면 Cap 성분이 생기게 됩니다. 또 C는 L과 반비례 관계이죠. 그래서 L값을 줄여주기 위해서 lead를 짧게 해주고 복수개의 via를 통해서 C값을 올려서 반대로 L값을 줄여주는 역할을 하게 만들어주는 것입니다.

※ 꼭 알아두어야 할 용어

☞ MLB
PCB를 설계하면서 자주 접하게 되는 용어입니다. PCB의 층수를 나타낼 때 단면, 양면, MLB라고 하는데 MLB는 Multi Layer Board를 말합니다. 쉽게 말하면 다층 기판을 말한다고 보면 됩니다.

☞ Plane
내층에 전원을 형성해 주는 동박면을 말합니다. MLB의 경우 전원 안정성과 효율적인 설계를 위해서 많이 사용합니다.

☞ swiss-cheese
swiss-cheese는 말 그대로 치즈의 구멍이 나 있는 모습을 연상시킨다고 해서 그렇게 표현을 합니다. 이 현상은 EMI 방사 및 전원의 불안정을 가져올 수 있으므로 형성되지 않도록 해주는 것이 좋습니다.

☞ DC-Drop
전원이 여러 가지 영향에 의해서 전압이 떨어지는 현상을 말합니다. 떨어지는 원인을 보면 plane 형성 시 소스 단의 통로가 via 등의 영향으로 좁게 될 경우 또는 plane 중간에 via 등으로 인해 좁아질 경우 생기게 됩니다. pattern의 경우에도 길이가 길어짐에 따라 전압이 초기 전압보다 작게 나오게 되며, 잦은 via 사용에 따라서도 발생하게 됩니다. 그래서 via를 사용할 때는 복수개로 보강을 해주는 것이 좋습니다.

2. Analog board Design

    Analog 부분을 실계힐 때는 pattern은 일반 digital 신호보다는 두껍게 해주고 배선의 길이는 가능한 한 짧게 no via로 연결해 주는 것이 좋습니다. 하지만 보드의 특성상 그렇게 못하는 부분이 많습니다.

    Analog board의 종류는 SMPS 전원 설계에서부터 RF, 음/영상 신호 등 여러 가지가 있습니다. SMPS의 경우는 규격에 맞추어 1, 2차 거리, 그라운드와 이격거리 등 규격을 지켜주어야 하고 pattern을 가능한 한 두껍게 해주는 것이 좋습니다. 여기서는 analog만을 위한 보드보다는 digital과 혼재된 일반적인 보드를 기준으로 이야기를 하고자 합니다.

    analog를 설계할 때는 각 신호에 대한 특성을 알고 설계해야 합니다.

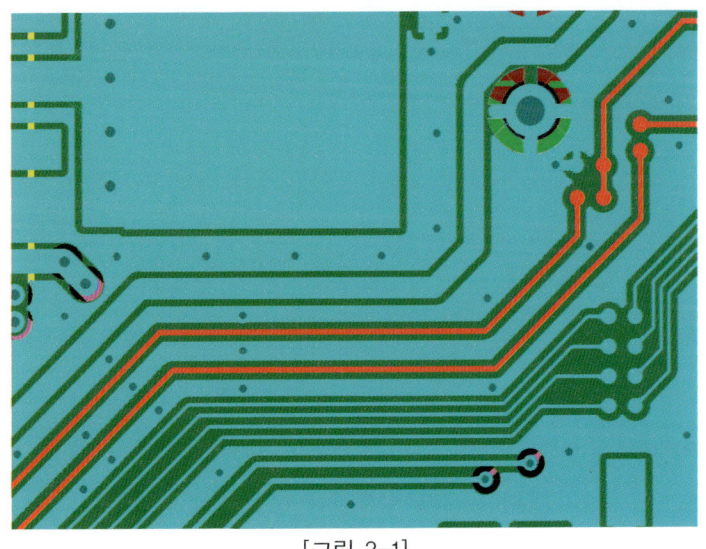

[그림 2-1]

[그림 2-1]과 같이 신호의 특성에 따라 pattern의 폭을 조절해야 하고 pattern 간 이격 또는 앞의 그림과 같이 그라운드로 shield 처리를 해주어야 하는 경우가 있습니다. 이 경우 그라운드 shied가 얇게 형성이 된다면 오히려 안테나가 되어 EMI에 안 좋거나 나쁜 영향을 미칠 수 있습니다. 그때는 그라운드 없이 이격을 시켜주는 것이 좋습니다. 내부에 shield 처리를 한다면 via를 통해서 return-path를 줄여주는 것이 좋습니다. via를 형성해 줄 수 없다면 앞에서 설명한 것과 같이 pattern 간 이격을 시켜주는 것이 좋습니다.

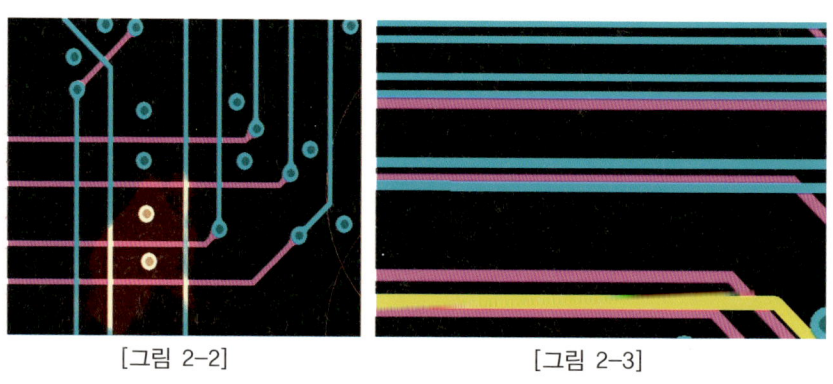

[그림 2-2]   [그림 2-3]

[그림 2-2]와 [그림 2-3]은 analog 신호에서 cross-talk에 대한 것을 보여주고 있습니다. 앞 장에서도 설명했듯이 기본적으로 PCB 설계에서는 격자형 구조로 설계를 하는 것이 좋습니다. analog에서는 특히 더 인접층 간의 pattern의 구조는 [그림 2-2]와 같이 격자형 구조로 cross-talk를 줄여주는 것이 좋습니다. [그림 2-3]과 같이 평행 구조로 되어 있다면 평행한 line끼리 자장의 영향으로 신호 간 간섭이 발생할 수 있습니다.

격자형 구조가 아니더라도 인접층에 전원층을 형성해주는 것이 좋습니다.

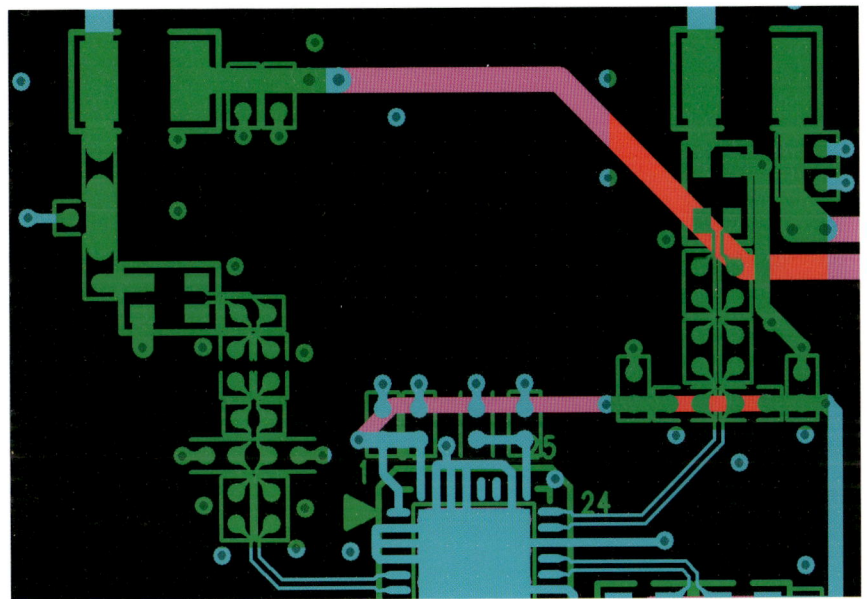

[그림 2-4]

[그림 2-4]는 앞 장에서 언급되었던 부분입니다. 그림 상에 color로 표시된 영역과 같이 RF 신호는 pad to pad로 짧게 연결해주는 것이 좋습니다. pattern의 길이가 길어지면 L값이 생기기 때문입니다. RF쪽은 그만큼 민감한 부분이므로 짧게 배선을 해주는 것이 좋습니다.

※ 꼭 알아두어야 할 용어

☞ Shield

그라운드를 말합니다. 중요한 신호들 사이에 외부의 noise로부터 보호하기 위한 벽을 만들어주는데 이렇게 그라운드로 감싸주는 것을 shield 시켜준다고 말을 합니다.

3. Digital board Design

　Digital 보드에서는 clock이라 일부 critical한 신호들을 빼고는 크게 주의할 부분은 없습니다. 그렇다고 쉽게 생각하면 안 되겠지만 analog 보드에 비해서 수월하게 설계를 할 수 있다는 뜻으로 보면 됩니다. noise에서도 analog 신호처럼 민감하지 않으니까요.
　Digital 보드에서는 배치에 대해서 근거리 배치해야 할 것과 원거리 배치를 해도 가능한 것이 무엇인지를 파악하는 게 효율적인 설계를 할 수 있는 방법이라고 생각이 됩니다.

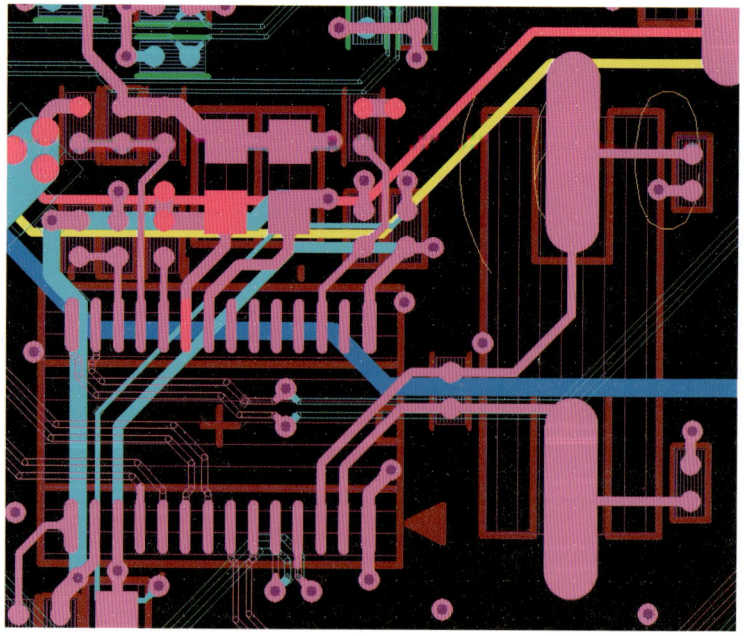

[그림 3-1]

[그림 3-1]은 crystal 회로의 배치 부분을 보여주고 있습니다.

Crystal 주변의 회로는 가능한 한 IC와 인접하게 배치하여 배선을 짧게 해주는 것이 좋습니다. 배선이 길어지면 L값이 커지고 그로 인해서 외부로부터의 noise에 약해질 수 있기에 중요한 부분들은 가능한 한 짧게 해주는 것이 좋습니다. pattern의 폭도 일반 신호선에 비해 두껍게(대략 0.25mm ~0.3mm 정도)해서 no via로 그림과 같이 연결해주는 것이 좋습니다. 추가로 crystal은 발진소자로 다른 신호선에 영향을 주거나 받을 수도 있기에 인접층에 pattern이 형성되지 않도록 해주는 것이 좋습니다.

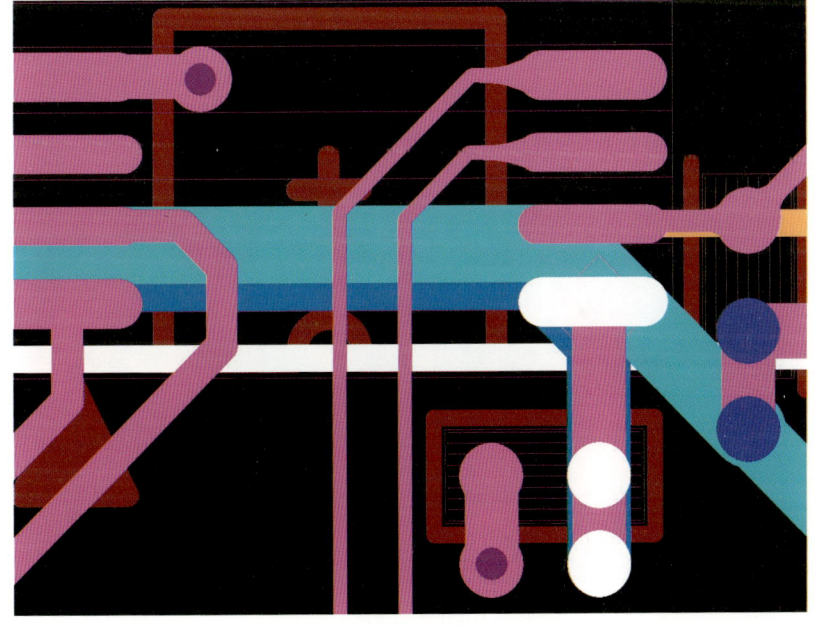

[그림 3-2]

[그림 3-2]와 같이 by-pass capacitor 또는 de-coupling capacitor들은 IC 가까이에 배치하여 배선을 짧게 하는 것이 좋습니다.

Capacitor는 noise 등 ripple을 제거해 주는 역할을 하고 있는데 거리가 멀어진다고 가정해보면 그만큼 배선 길이가 늘어나게 됨으로써 다른 noise가 생길 수 있기 때문입니다. 추가로 via를 사용할 때 앞의 그림과 같이 capacitor를 거쳐서 IC에 연결되는 구조가 되어야 합니다. 간혹 PCB를 보다보면 BGA 등이 구조상 어쩔 수 없는 경우가 있기는 하지만 그런 경우가 아닌데 capacitor와 IC 사이에 via를 형성하여 연결되는 경우가 있습니다. 이 경우 흐름이 capacitor을 거쳐서 가는 구조가 되지 않기에 capacitor의 활용을 100% 하지 못할 수도 있습니다.

[그림 3-3]

　[그림 3-3]은 BGA 사용 시 de-couple capacitor의 배치에 대해서 보여주고 있습니다. BGA 사용 시 ball 수에 맞추어 D-cap이 있다면 구조상 모두를 다 배치할 수는 없습니다. 그래서 일반적으로 인접해 있는 ball 2개

또는 경우에 따라 ball 3개에 D-cap 하나씩 사용하게 됩니다. 앞서 설명한 것과 같이 근거리 배치를 해야 합니다. D-cap이 멀어지게 되면 BGA의 경우 내층 전원으로 공급받는 경우가 많습니다. 또 해당 pin에 연결되어야 하고 이러한 구조를 봤을 때 거리가 멀어진다는 것은 current loop가 커지고 이로 인해서 Impedance가 높게 나오게 됩니다. 또 Impedance가 높다는 것은 noise에 약해지고 방사가 일어날 가능성이 높게 됩니다. 결론적으로 전원의 noise를 줄이기 위해서는 전원의 ball 가까이에 D-cap을 배치하는 것이 좋습니다.

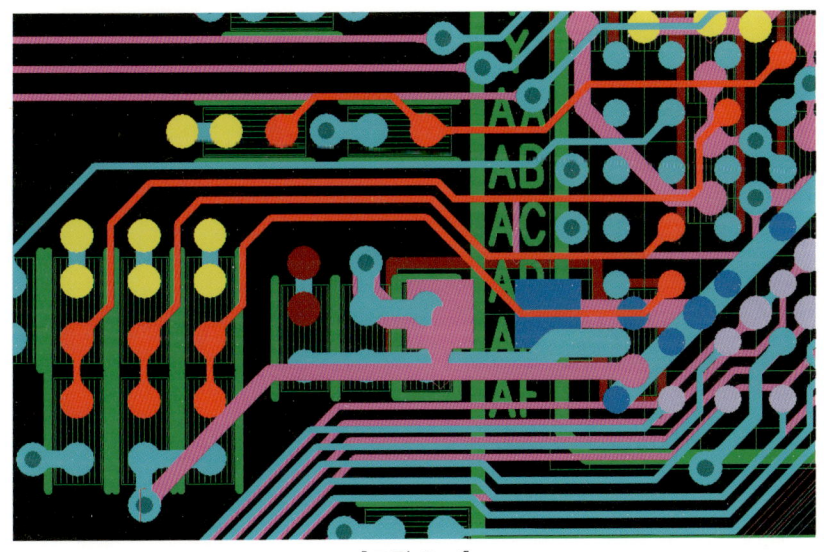

[그림 3-4]

[그림 3-4]는 pull-up, pull-down resistor에 대해서 보여주는 그림입니다.

D-cap과는 달리 pull-up, pull down 저항은 대부분이 거리보다는 연결이 중요한 부분입니다. 그래서 D-cap이나 crystal 등 중요한 부분을 먼저

배치한 후에 마지막에 배치해서 연결을 해주면 됩니다. digital 보드 설계 시 중요하지 않은 부분은 없지만 그 중에서 중요도를 따진다면 가장 마지막에 작업을 해도 되는 부분입니다.

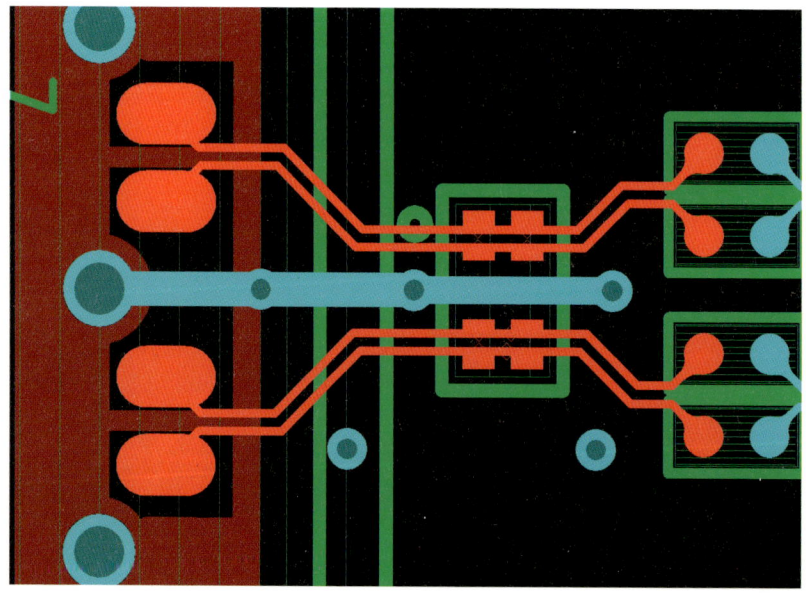

[그림 3-5]

[그림 3-5]는 Impedance의 설계된 부분을 보여주고 있습니다.

Impedance 설계를 할 때는 뒤에서 자세히 다루겠지만 matching을 해주기 위한 여러 가지 조건들이 있습니다. 그러한 조건들을 기본적으로 맞추어 주어야 하고 가능하다면 no via가 가능하도록 설계를 해주는 것이 좋습니다.

그렇기 때문에 가장 중요하고 배치 시 고려하여 작업을 해야 합니다.

그 외에 Test Point라든지, ROM IC 등은 원거리 배치를 해도 괜찮습니다. 해당 부품들은 pull-up/pull-down과 같이 연결만 되면 되기 때문입니다.

  Digital 신호들은 위에 언급된 중요한 부분들을 제외하고는 pattern에 대한 제약은 크게 없습니다. analog와 달리 신호가 전달되기만 하면 되기 때문입니다. 일반적으로 보드 특성이나 여러 상황에 따라 틀리겠지만 보통 0.12mm~0.15mm 사이의 배선폭으로 설계를 해줍니다.

※ 꼭 알아두어야 할 용어

☞ **Impedance**

Impedance는 말 그대로 resistor 저항을 나타냅니다.
특정 신호에 대해서 외부 신호와 차별을 주어 보호해 주어야 할 경우 Impedance 관리를 해주게 됩니다. 일반적으로 RF나 고속신호에서 많이 사용합니다.

제3부

Impedance Design Guide

1. Impedance

최근 들어서는 고속 신호 및 DDR 등을 많이 사용하면서 Impedance matching 작업을 하는 보드가 많아졌습니다. 그렇다면 Impedance board 설계를 하기 위해서는 어떤 부분들을 신경 써야 하는지 살펴보도록 하겠습니다.

기본적으로 Impedance 설계를 하기 위해서는 어떤 부분을 몇 ohm(Ω)으로 맞출 것인지를 알아야 합니다. 이 정보를 알고 난 후에 data는 일반적인 시뮬레이션 tool 등을 통해서 계산하여 설계를 하는 분들도 계시지만 본 저자는 PCB 제조업체에 문의해서 해당 Impedance에 대한 stack-up data와 Impedance spec을 받아서 설계를 하는 것이 추천합니다. 그 이유는 Impedance 값을 결정하는데 중요한 유전율과 도금 두께 등의 정보가 업체마다 공정상의 차이가 조금씩 있기 때문입니다.

Impedance matching을 해주는 이유는 하나의 출력단과 입력단을 연결할 때, 서로 다른 두 연결 단의 Impedance차에 의한 반사를 줄이기 위해서입니다.

동일 조건에서 pattern width와 Impedance와의 상관 관계를 살펴보면 다음과 같습니다.

Pattern width와 Impedance는 반비례 관계입니다. 즉, pattern width가 클수록 Impedance는 작아지고, 반대로 pattern width가 작아질수록 Impedance가 커지게 됩니다.

Impedance는 두 가지 구조, 즉 Single ended와 differential pair 구조를 가지고 있습니다.

각각 사용 용도에 따라 single 또는 differential로 구별해 설계를 해주는데 과거 parallel(병렬) 구조에서 고속 신호로 가면서 serial(직렬) 구조인 differential pair 구조를 사용합니다.

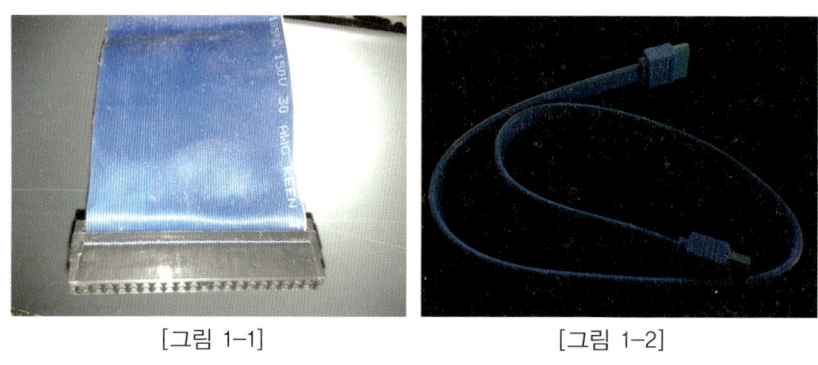

[그림 1-1]　　　　　　　　　　[그림 1-2]

우리가 쉽게 볼 수 있는 구조적인 차이로는 PC에서 볼 수 있는데 과거에는 하드 디스크의 cable은 [그림 1-1]과 같은 parallel 구조인 P-ATA 방식이었는데 차츰 속도가 빨라지면서 [그림 1-2]와 같은 serial 구조인 S-ATA 방식을 사용하게 됩니다.

Single-ended 구조에서는 모든 data 신호가 전달되어야 하는데 하나의 신호라도 지연이 된다면 data 전송 역시 지연이 되므로 길이에 따른 왜곡 등이 발생하는 단점이 있지만, serial 구조인 S-ATA 방식으로 가면서 길이에 따른 왜곡의 단점 등을 보완하게 됩니다.

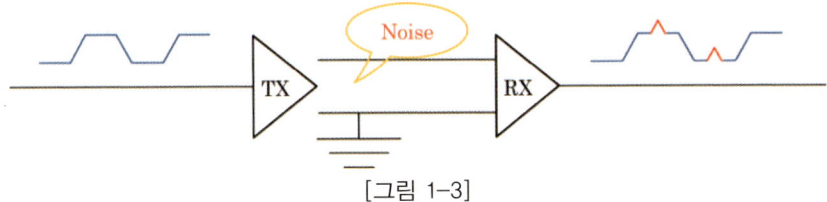

[그림 1-3]

[그림 1-3]은 single ended 구조에서 common mode noise의 영향을 받은 입출력 상태를 보여주고 있습니다.

5V의 신호를 보냈을 때 0.5V의 noise를 받았다면 오른쪽 그림과 같이 5.5V 출력이 되면서 원하는 신호를 받을 수 없는 문제점이 있습니다.

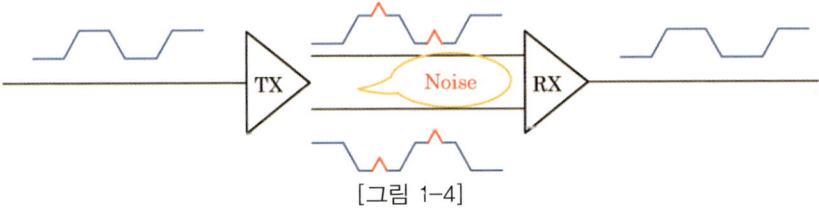

[그림 1-4]

[그림 1-4]는 Differential pair 구조에서 common mode noise의 영향을 받은 입출력 상태를 보여주고 있습니다.

5V의 신호를 보냈을 때 0.5V의 noise를 받았지만 single ended와는 다르게 오른쪽 그림처럼 출력을 보면 아무런 영향을 받지 않은 것으로 나오게 됩니다.

이유는 single ended와는 달리 differential pair 구조에서는 180도의 위상차를 가지게 되는데 +/-2.5V 신호를 보내면 그림과 같이 2.5V의 출력이 나오는데, 여기서 0.5V의 noise를 받게 되면 +3.0V와 -2.0V로 위상차는 똑같이 5V 출력이 나오게 됩니다. 이는 같은 크기의 common mode noise가 서로 상쇄되어 noise가 제거될 수 있는 것입니다.

결론적으로 180도 위상차를 가진 두 개의 line은 noise에 대한 면역성과 낮은 동작전원으로 인한 소모 전력의 감소, 전송 지연이나 왜곡이 적어 길이에 대한 부분도 많이 개선이 되었습니다. 특히 설계적인 측면에서도 parallel 구조에 비해 serial 구조는 line 수가 적어 간소화된 것이 특징입니다.

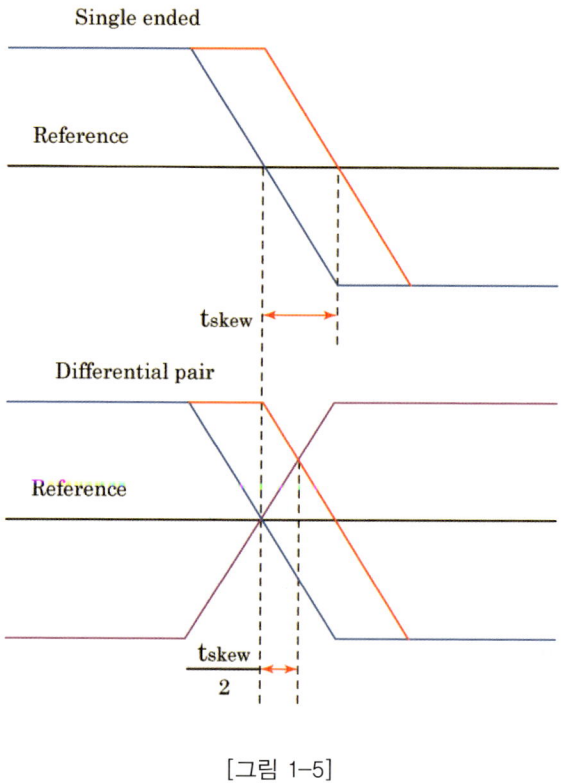

[그림 1-5]

[그림 1-5]는 single ended와 differential pair와의 timing skew의 차이를 보여주고 있습니다.

위의 그림에서 보이듯이 신호는 single ended에서는 rising이나 falling

에서 reference voltage를 지날 때 data를 검출하게 되므로 점선만큼 붉은색 신호와 같이 skew가 생기게 되면 tskew만큼 skew가 생기게 됩니다.

Differential pair에서는 180도의 위상차를 가진 두 신호가 겹쳐지는 부분을 기준으로 하기에 single ended와 동일한 붉은색 신호와 같이 skew가 발생하였다면 보라색의 신호와 겹쳐지는 부분만큼 skew가 발생하게 됩니다.

결론적으로 고속 신호로 갈수록 single ended가 아닌 differential pair 구조로 가는 이유 중에는 위 그림과 같이 skew를 single ended에 비해 반으로 줄일 수 있는 이점이 있기 때문입니다.

Impedance matching을 시켜주는 신호들은 무엇이 있을까요?

여러 시스템에 따라 다르겠지만 기본적으로 DDR의 경우는 single 50~60ohm, differential pair 100~110ohm으로 시스템을 setting하여 사용하지만 일반적으로는 single 60ohm과 differential pair 100ohm을 사용합니다. 그 밖에도 single의 경우는 RF에서 75ohm, differential의 경우에는 USB가 90ohm을 사용하고, S-ATA, Ethernet, HDMI, Audio, LVDS, 일부 RF 신호 등은 100ohm의 Impedance를 사용합니다.

※ 꼭 알아두어셔야 할 용어

☞ **Single ended**
하나의 신호 라인이 연결되는 구조가 있는 반면에 parallel 구조, 즉 병렬 구조로 된 line도 있습니다. parallel 구조에서는 각각의 신호 라인이 연결되는 구조로 모든 신호들이 모두 입력이 되었을 때 동작을 하게 되는 구조로 하나의 신호라도 지연이 되면 전체적으로 지연이 되게 되고 common noise에 약합니다.

☞ **Differential pair**

Serial 구조로 직렬 연결되는 구조를 말합니다. single ended와는 달리 180도의 위상차로 전력소모가 적고, common noise에 강하며, 신호선이 적어 전송 지연이 single ended에 비해 적습니다.

☞ **Common noise**

Common mode noise는 공통적으로 발생하는 잡음으로 각 신호 선에 동위상으로 나타나는 잡음을 말합니다. ([그림 1-3]과 [그림 1-4]를 참고해 보면 이해에 도움이 될 겁니다.)

☞ **skew**

[그림 1-5]를 보면 알겠지만 사전적 의미와 동일하게 원래 data에서 신호가 왜곡되거나 틀어지는 것을 말합니다.

2. Impedance design의 종류

Impedance matching을 해주는 부분에 대해서 각각 어떠한 특징이 있는지 간략하게 알아보고자 합니다.

[USB]

USB는 90ohm impedance matching을 해줍니다. 현재 USB 3.0까지 발전되었습니다. 1994년 USB 0.7을 시작으로 현재 상용화되어 있는 2.0을 넘어서 3.0까지 발전하였습니다.

전송 속도의 변화를 살펴보면 아래 표와 같습니다.

USB Rev.	최대 전송 속도	Differential pair 구조
USB 1.0	12Mbps	D+/- 1pair 구조
USB 2.0	480Mbps	D+/- 1pair 구조
USB 3.0	5Gbps	SSTX +/-, SSRX +/- 2pair 구조

※ SS는 USB 3.0에 표기되는 문구로 Super Speed의 약자로, 전용 cable에도 표기됩니다.

위의 표와 같이 USB 3.0으로 발전해 가면서 초당 data 전송 속도가 5Gbps로 빨라졌으며, 전원 공급부분에서도 최대 900mA까지 늘어남에 따라 기존 2.0에서는 용량 부족으로 어댑터를 사용하는 경우가 있었지만 그럴 필요가 없어진 것이 특징입니다.

Data pin 구조에 있어서도 차이가 있습니다. 기존 2.0까지는 differential 구조로 +/-로 1pair 구조로 되어 있었으나, 3.0으로 오면서 RX와 TX 각 2

개의 pair로 이루어져 있습니다.

명칭에서도 차이가 있는데 기존 2.0까지는 D+/D-(DP/DM)으로 표기가 되었으나 3.0으로 가면서 SSTX+/-, SSRX+/-로 표기가 됩니다.

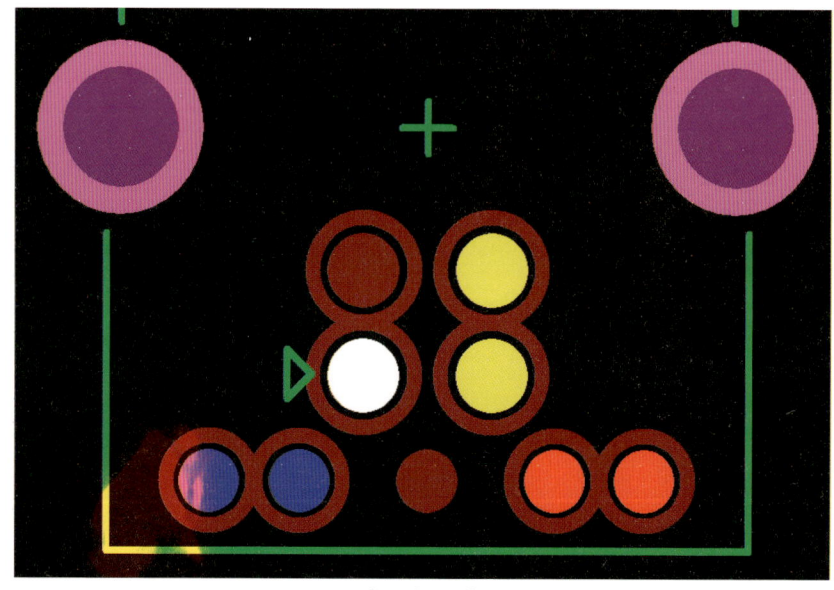

[그림 2-1]

USB 3.0의 connector는 전용 connector도 있지만 2.0과 호환성을 위한 구조도 있습니다.

[그림 2-1]은 USB 3.0과 2.0이 호환되는 connector PCB decal을 보여주고 있습니다.

위의 그림에서 pin 구조를 살펴보면 갈색 부분은 그라운드, 흰색 부분은 VBUS, 노란색 부분은 USB 2.0 DP/DM을 나타내고 있으며, 파란색과 붉은색 부분은 USB 3.0으로 파란색은 SSRX+/-, 붉은색은 SSTX+/-를 나타내고 있습니다.

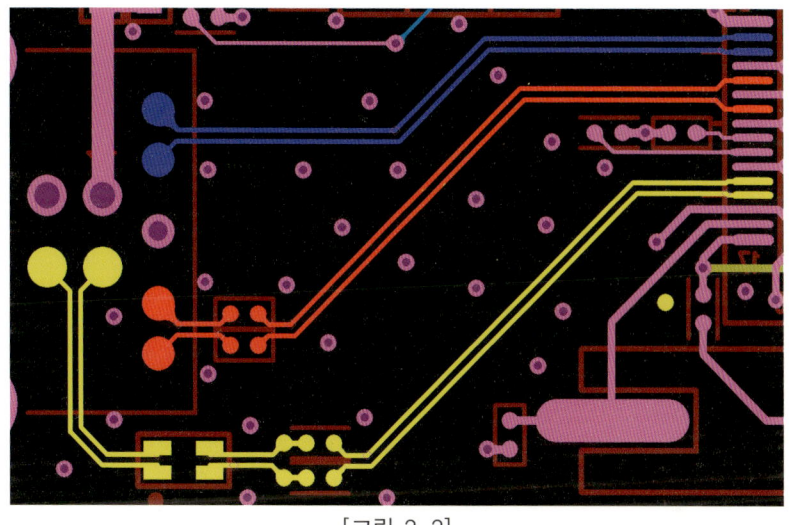

[그림 2-2]

[그림 2-2]는 [그림 2-1]의 connector를 사용하여 실제 설계된 모습을 보여주고 있습니다.

그림에서 보면 노란색의 USB 2.0과 붉은색의 USB 3.0 SSTX, 파란색의 USB 3.0 SSRX를 설계한 그림입니다.

설계 기준을 보면 기본적으로 Impedance 90ohm으로 오차는 +/- 7% 이며, 그림과 같이 USB 2.0, USB 3.0의 RX/TX 간 cross-talk이 없어야 하며, 가능한 한 via 없이 설계를 해주는 것이 좋습니다.

추가로 전원 라인인 VBUS 설계 시 via를 사용해야 한다면 전원의 drop이 생기지 않도록 복수의 via를 사용하는 것이 좋습니다. USB 2.0 설계 시에도 동일합니다.

마지막으로 USB line에 EMI 등의 문제로 coil이나 capacitor 등을 추가해야 한다면 connector 가까이에 배치하는 것이 좋습니다.

[HDD]

HDD는 예전 Parallel ATA에서 현재의 Serial ATA3까지 발전해 왔습니다.

기존의 P-ATA는 속도가 1Gbps까지 발전을 한 후에 이후 S-ATA1로 가서 최대 1.5Gbps에서 현재 S-ATA3은 최대 6Gbps의 전송 속도로 빨라졌습니다.

앞에서 differential pair에 대해 설명을 하면서 다루었지만 P-ATA에서는 40개의 pin으로 clock과 data 신호로 이루어져 있는 병렬 구조였으나 속도의 한계 등으로 S-ATA로 가면서 7개의 pin으로 3개의 그라운드 pin과 2개의 differential pair line으로 이루어져 있습니다.

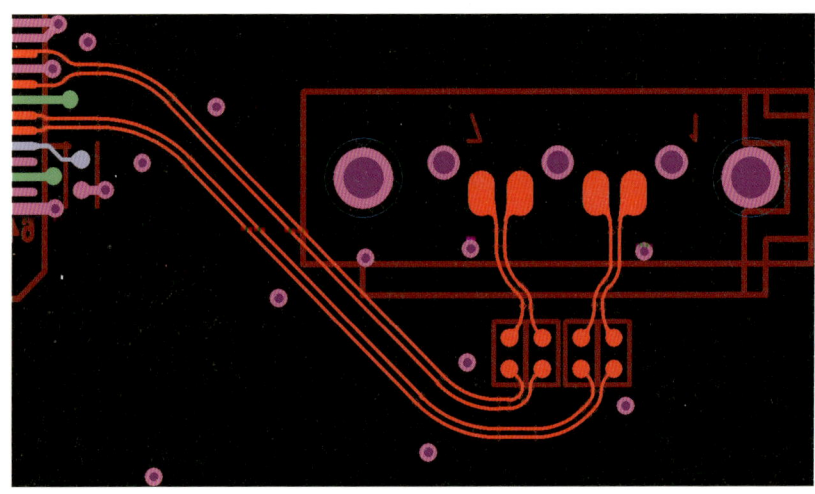

[그림 2-3]

[그림 2-3]은 S-ATA를 설계한 그림을 나타내고 있습니다.

위 그림과 같이 2개의 differential pair 구조로 되어 있으며, impedance 100ohm에 오차는 10% 이내로 맞추어 주어야 하며, 2pair 간 length는

100mil 이내로 해주는 것이 좋습니다. routing length는 2~5인치 이내로 가능한 한 짧게 해주는 것이 좋습니다. length가 크면 동작에 오류가 생기는 경우 등이 발생할 수 있습니다.

USB와 S-ATA 외에도 HDMI, LVDS, Ethernet 등이 있습니다.

특징을 살펴보면 HDMI는 현재 1.4버전까지 소개되었으며, 일반적으로 3개의 data differential pair와 1개의 clock differential pair로 총 4개의 pair 구조로 impedance 100ohm matching을 해주어야 합니다.

LVDS는 RX/TX 각 4개의 data differential pair와 1개의 clock differential pair로 총 5개의 pair 구조로 impedance 100ohm matching을 해주어야 합니다.

Ethernet은 4개의 differential pair 구조로 impedance 100ohm matching을 해주어야 합니다.

이 외에 DDR도 impedance matching을 해주는데 이 부분은 뒤에 별도로 다루도록 하겠습니다.

※ 꼭 알아두어야 할 용어

☞ **bps(bit per second의 약어)**

본 장에서 전송 속도를 다루면서 많이 표기를 하였는데, bps(b/s로도 표현함) 단위는 다음과 같습니다.

8bit=1byte로, 예를 들어서 USB 2.0의 최대 전송 속도가 480Mbps라고 했는데 이를 풀어쓰면 1초당 480Mbit의 전송 속도를 나타내는 것으로 60MByte의 속도를 가지고 있다는 것과 동일합니다.

3. Impedance design guide

Impedance board를 design할 때는 다음 사항을 생각하며 설계를 해야 합니다.

먼저 stack-up data와 impedance spec이 있어야 합니다.

이 부분은 simulation tool 등으로 값을 뽑을 수도 있겠지만 업체마다 유전율과 도금 두께 등 공정상의 차이가 있으므로 제조업체로부터 data를 받아서 설계를 하여야 합니다.

기본적으로 impedance line과 다른 신호와는 이격이 필요합니다.

[그림 3-1]

[그림 3-1]을 보면 붉은색으로 된 impedance line과 아랫 부분에 일반 신호와의 차이를 보여주고 있습니다.

그림에서 보면 상단의 impedance line의 그라운드 이격거리와 하단의 일반 신호에서의 그라운드 이격거리에 대한 차이를 볼 수 있습니다.

이격을 시키는 이유는 다른 신호와의 간섭 등을 피하기 위해서입니다. 그래서 보통 3W rule을 적용합니다. W는 pattern의 width를 말하는데, width를 3배 이상 이격을 하라는 뜻입니다. 이는 impedance 뿐만 아니라 고주파의 신호 등에서도 동일하게 적용됩니다.

Differential pair line 설계 시 pattern의 width와 space를 일정하게 유지해 주어야 하며 stub는 없애야 합니다.

[그림 3-2]

[그림 3-2]와 같이 differential pair line의 pattern width와 space는 일정하게 지키며 설계를 해야 합니다.

중간에 pattern 간 space가 안 맞거나 stub이 발생하면 impedance 값이 틀어지는 문제가 발생할 수 있습니다.

Via의 사용은 최소로 하고 via나 부품이 있을 때 대칭적으로 사용하는 것이 좋습니다.

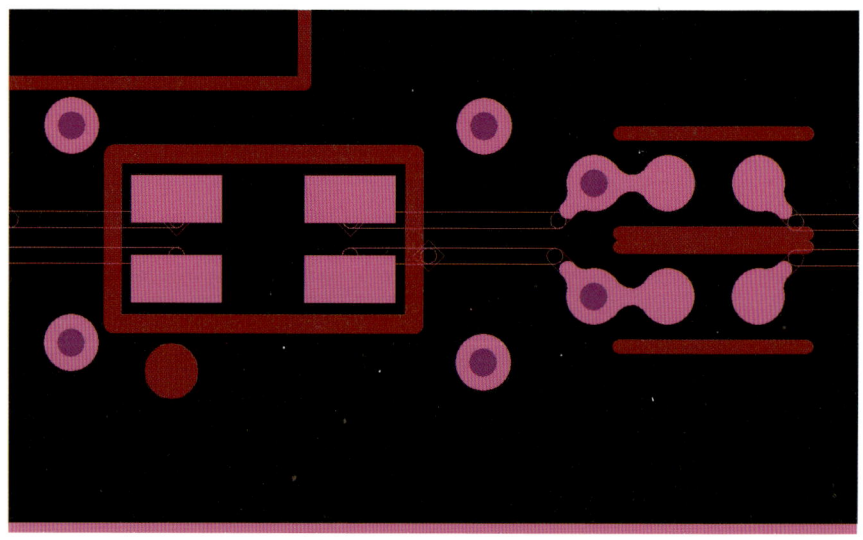

[그림 3-3]

[그림 3-3]과 같이 via나 부품을 경유해 갈 때에는 대칭적으로 사용해 주는 것이 좋습니다.

Impedance pair line 상에서 via나 부품을 사용해야 할 경우 그림의 우측과 같이 대칭형이 되어야 합니다. 그라운드 via를 사용할 때에도 가능하다면 대칭적으로 사용해 주는 것이 좋습니다.

Via나 경유되는 부품을 대칭적으로 사용하는 이유는 via 사용이나 부품을 경유하는 부분에서 impedance가 틀어지기 때문에 가능한 한 동일한 구조를 만들어주기 위해서 대칭형으로 설계를 해주는 것이 좋습니다. 부품을 사용할 때에는 value와 size 또한 동일하게 해주는 것이 좋습니다.

Impedance matching에서 가장 중요한 것은 reference layer를 형성해 주어야 합니다.

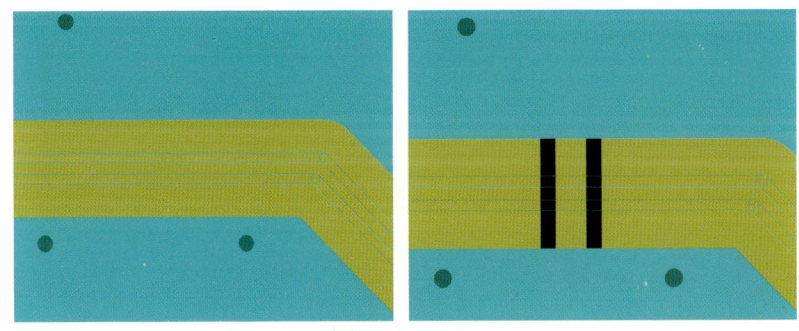

[그림 3-4]

[그림 3-4]는 reference layer 형성에 대해서 보여주고 있습니다.

좌측의 그림은 impedance line을 따라 reference plane을 형성해 주었지만 우측의 그림은 reference plane 사이에 pattern이 지나가는 것을 볼 수 있습니다. 우측의 그림은 split이 발생하면서 cross-talk이 발생하여 해당 부분에서 impedance가 틀어지게 됩니다.

우측과 같이 pattern이 지나가는 경우도 있겠지만 plane으로 reference가 분리되는 경우에도 전위차에 따른 영향과 return pass에 대한 영향을 받게 되므로 금해야 하는 부분입니다.

쉽게 설명해서 하천에 물이 흐르는데 중간에 바닥에 홈이 있다거나 바닥면의 깊이가 중간에서 바뀌게 된다면 물의 흐름은 영향을 받게 됩니다.

결론적으로 impedance line에는 하나의 reference plane이 감싸는 구조

로 구성되어 있어야 split 없이 안정적으로 matching을 해줄 수 있습니다.

추가로 plane의 폭은 impedance pattern edge에서 1mm 내외로 확보해 주는 것이 좋습니다.

Differential pair에서 length matching을 위해서 serpentine를 해줄 경우 mis-matching되는 부분에서 맞추어 주는 것이 좋습니다.

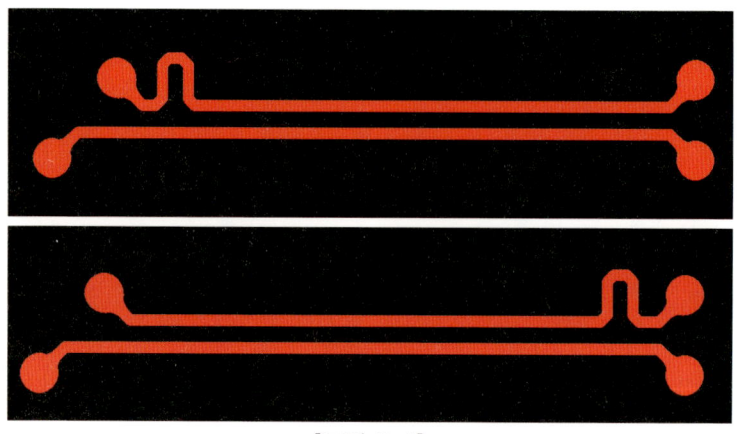

[그림 3-5]

[그림 3-5]는 serpentine을 해줄 때 어느 곳에서 해주는 것이 좋은지를 보여주고 있습니다.

그림을 보면 오른쪽은 대칭형으로 pin이 이루어져 있지만, 왼쪽의 경우는 비대칭형으로 전체적으로 differential pair 설계 시 길이에 있어서 차이가 발생합니다. 이때 길이에 대한 matching을 해주기 위해서 serpentine 작업을 해주게 됩니다.

하단의 그림에서 보면 오른쪽에 대칭을 이루는 곳에서 길이 matching을 하기 위해 serpentine 작업을 해주었지만 이 방법은 권장하지 않는 방법입니다. 상단의 그림과 같이 비대칭을 이루는 부분에서 serpentine 작업을 해주는 것이 일반적으로 권장하는 방법입니다. 이와 같이 해주는 이유는 serpentine 자체가 impedance가 틀어지는 것이기에 대칭형으로 이루고 있는 곳보다 비대칭형으로 impedance가 틀어지는 부분에서 해주는 것이 좋습니다.

Reference layer와의 거리가 클 경우 해당 거리만큼 이격을 해주어야 합니다.

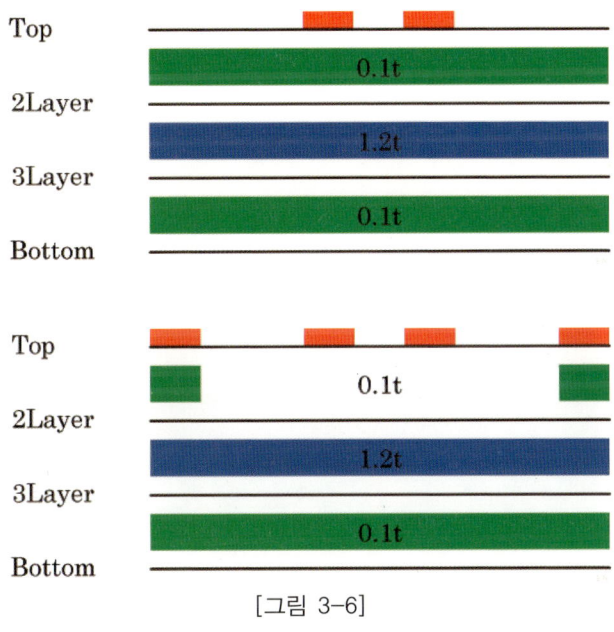

[그림 3-6]

[그림 3-6]은 1.6t 4층 PCB의 stack-up 예제를 보여주고 있습니다.

일반적으로 인접층을 reference layer로 잡아서 impedance matching을 해줍니다. 예를 들어 Top면에 설계한다면 인접층인 2layer에 reference를 잡아주지만 상황에 따라서는 3layer를 잡아주는 경우도 있습니다. 이럴 경우 주의해야 하는 부분이 있습니다. 상위 그림의 stack-up 구조로 볼 때는 3layer까지의 거리가 약 1.5t 정도가 됩니다. 다시 정리하면 impedance line의 edge에서 그라운드 등 다른 plane과는 reference layer보다 더 이격을 해야 합니다. 그러기 위해서는 top면과 2layer의 해당 영역만큼 그라운드 등 plane이 없어야 합니다.

이와 같이 설계를 해주어야 하는 이유는 가장 가까이에 있는 plane을 reference 하기 때문에 3layer를 기준으로 하기 위해서는 top면과 2layer는 해당 거리 이상으로 이격을 해주어야 impedance에 영향을 안 주게 됩니다.

※ 꼭 알아두어야 할 용어

☞ **Stub**

사전적 의미로는 남는 부분 등을 말합니다.

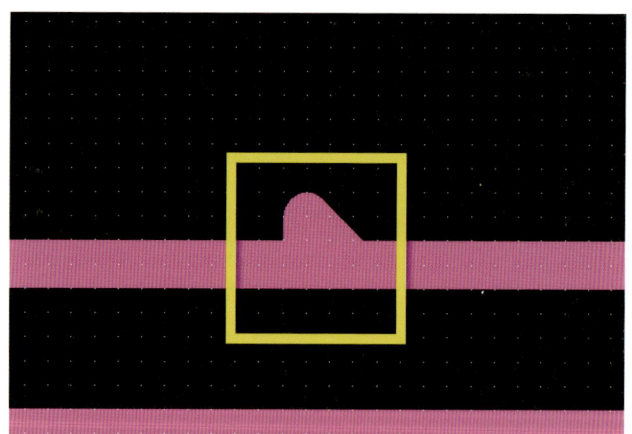

[그림 3-7]

PCB 설계를 하다보면 간혹 [그림 3-7]과 같이 불필요한 pattern의 흔적 등이 남는 경우가 있는데 이러한 부분을 말합니다.

☞ **Split**

사전적 의미로 나뉘는 것을 말합니다.

일반적으로 impedance matching 시 reference를 잡아주어야 하는데 plane이 나뉜다거나, 사이에 pattern이 지나가 영향을 주는 것을 말합니다.

☞ **Serpentine**

DDR 등 length matching이 필요한 부분에서 length를 맞추기 위해서 pattern을 감아주는 경우가 있는데 이러한 작업을 말합니다.

※ serpentine : 구불구불 구부러짐을 의미

☞ **Stack-up**

사전적 의미로 쌓아 올리다는 뜻으로, PCB 제조 시 흔히 적층을 한다고 하는데 MLB를 제조 시 여러 개의 원자재를 쌓아서 압착시켜서 하나의 PCB를 만들게 됩니다. 이러한 단면적인 구조를 말합니다.

4. DDR design guide

　DDR은 접해 보지 못한 독자분들도 계시겠지만 최근 들어 많이 사용하는 추세라 한번쯤은 들어봤으리라 생각됩니다. 길이에 대한 matching을 해주는 작업인데 여기서는 간단하게 DDR에 대해서 알아보고 설계하는 작업자마다 차이는 있겠지만 저자의 입장에서 T분기 설계를 기준으로 guide를 제시해 보도록 하겠습니다.

　현재는 일반적으로 DDR3나 DDR4를 많이 사용하고 있지만, 여기서는 DDR3를 기준으로 설명하겠습니다. 시스템이나 기타 속도 등에 따른 차이가 있을 수 있음을 참고해서 보기 바랍니다.

　DDR은 기본적으로 core 주파수에서 증폭을 시켜서 data 전송량을 키워주는 것으로 기존 100MHz의 주파수를 DDR1에서는 2배, DDR2에서는 4배, 현재의 DDR3에서는 8배로 증폭시켜주게 됩니다.

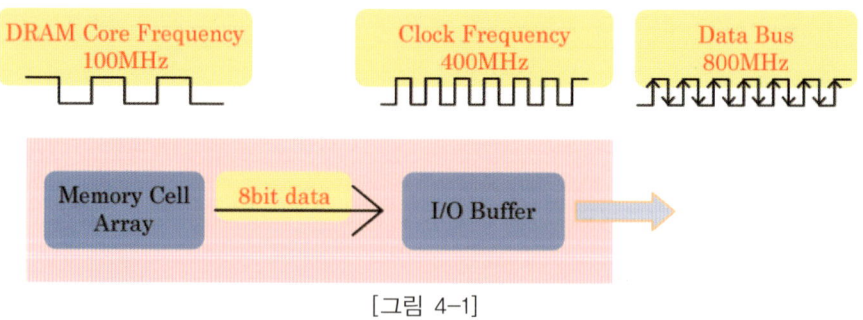

[그림 4-1]

　[그림 4-1]은 100MHz의 core 주파수를 DDR3에서 증폭되는 것을 보

여주고 있습니다.

그림을 간단하게 설명하자면 core에서 100MHz의 8bit data를 I/O Buffer에 보내주게 됩니다. I/O Buffer는 한번에 2bit씩 읽을 수 있기에 4cycle만에 전송이 완료되게 됩니다. 그래서 400MHz가 되고 data 출력을 보낼 때도 SDRAM과 달리 DDR의 특성인 rising edge와 falling edge에서 출력하게 되므로 2배가 됩니다. 그래서 core 주파수에 비해 8배의 전송속도를 가지게 됩니다.

DDR의 pin 구조에 대해서 한번 알아보겠습니다.

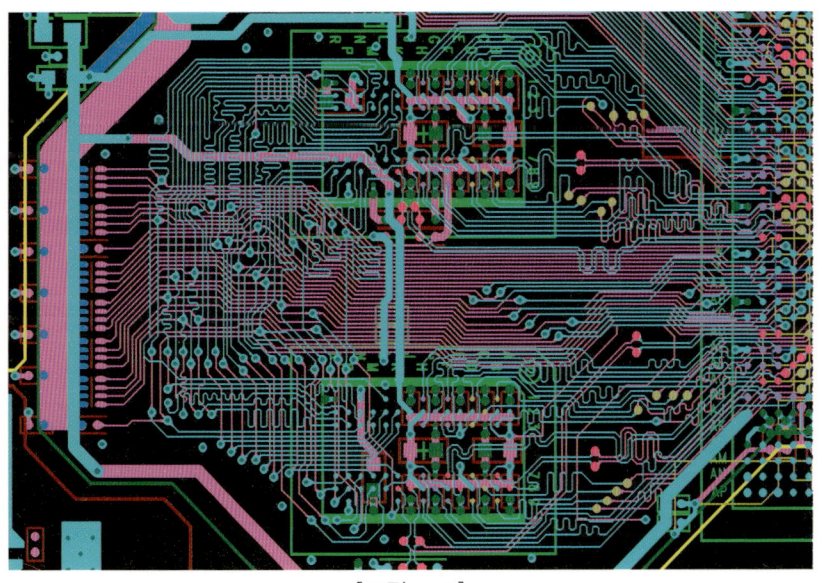

[그림 4-2]

[그림 4-2]는 DDR로 설계된 일부 그림을 보여주고 있습니다.

DDR 구성은 기본적으로 clock에 입출력할 수 있는 data group인 strob,

mask, data가 있으며, 입력 신호인 address, control, command로 이루어져 있습니다. 입출력 신호는 서로 data를 주고받기에 skew를 최소화해 주어야 합니다.

왼쪽에 DDR이 2개가 있으며, data 신호들은 오른쪽에, address 등 입력 신호들은 왼쪽에 위치해 있습니다.

결론적으로 length를 살펴보면

Data group ≤ clock ≤ Address, control, command로 이루어집니다.

Data group 설계 방법을 살펴보겠습니다.

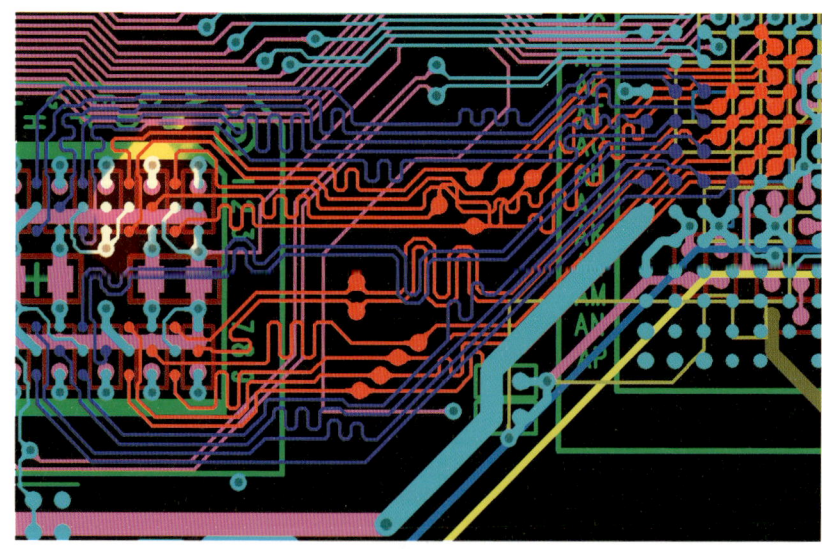

[그림 4-3]

[그림 4-3]은 data group의 설계를 보여주고 있습니다.

그림을 보면 붉은색과 파란색으로 구분된 pattern을 볼 수 있습니다. 그 두 가지를 비교해 보면 data group의 차이입니다. No via로 설계를 할 수 있으면 좋겠지만 pin map 구조나 주변 환경에 따라 via를 사용해야 하는 경우가 있습니다. 이럴 경우 via를 사용한다면 다 같이 사용을 해주는 것이 좋습니다. Via를 사용하게 되면 그만큼 전송 속도에 있어서 delay가 생기며, 그 delay time에 대해서는 simulation을 해보기 전까지는 알 수 없기에 동일하게 해주는 것이 좋습니다. DDR에서 길이를 맞추어 주는 이유는 전송 속도를 동일하게 해주기 위해서입니다.

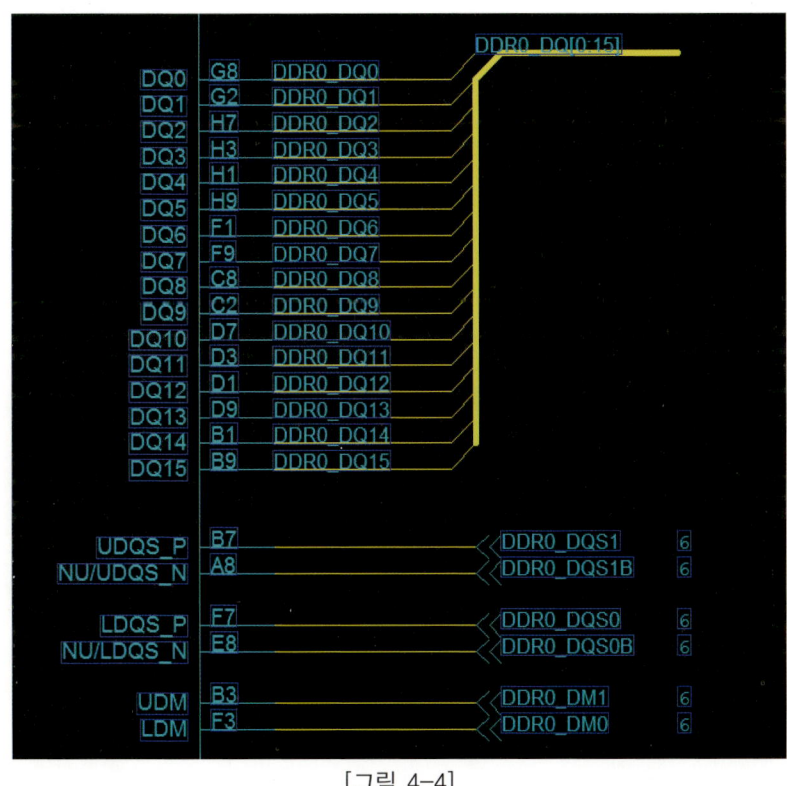

[그림 4-4]

[그림 4-4]는 [그림 4-3]의 DRAM의 data pin 구조를 보여주고 있습니다.

여기서 data group을 구분하자면 DDR0_DQ0~7, DQS0/DQS0B, DM0
과 DDR0_DQ8~15, DQS1/DQS1B, DM1로 나눌 수 있습니다.

먼저 설계할 때 편의를 위해서 다음의 기능을 사용할 수 있습니다.

실제로 가장 많이 사용되는 기능으로 data group 내 pin swap입니다.
group 내에는 8bit의 data가 있는데 회로에 따라서 pin map이 안맞는 경우
가 있습니다. 이 경우 8bit 내에서 swap이 가능합니다. pin swap이 가능한
이유는 8bit가 1Byte이고 1Byte의 신호가 입력이 되어야 동작을 하기 때
문입니다.

쉽게 말해서 많은 일행들이 여행을 가기 위해 8대의 버스에 나눠타고
부산으로 간다고 한다면 어떤 버스를 타고 가느냐가 중요한 것이 아니라
같은 곳에 같이 도착하는 것이 중요하기 때문에 swap이 가능하다는 의미
입니다. DQS0/DQS0B와 DQS1/ DQS1B는 differential pair로 설계를 해주
어야 하는 부분입니다.

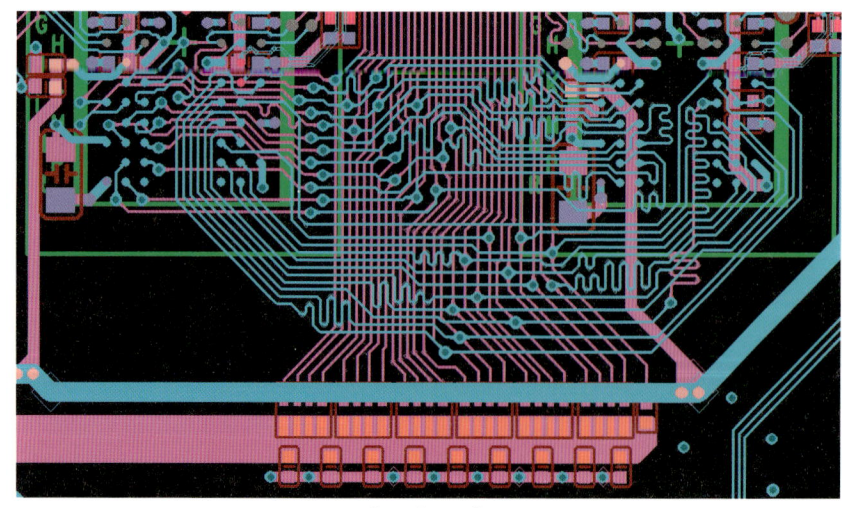

[그림 4-5]

[그림 4-5]는 address, control, command 등을 설계한 그림입니다.

Address 등의 신호는 DRAM 별로 신호가 들어가는 경우도 있지만 그림과 같이 분기되어 연결되는 경우도 있습니다.

Address 설계에 대해서는 data와 같이 length matching을 해주는 것이 좋습니다. 맞추어 주는 기준은 분기되기 전까지 맞추어 주고, 그 이후 분기되는 신호끼리 맞추어 주면 됩니다. 하지만 속도가 높지 않다면 전체적으로 안 맞추어 주어도 경험상 동작에는 문제가 없습니다. 단지, T분기되는 신호끼리는 동일하게 맞추어 주어야 합니다. 그 외에 pull-up 저항들은 편하게 연결해주면 됩니다.

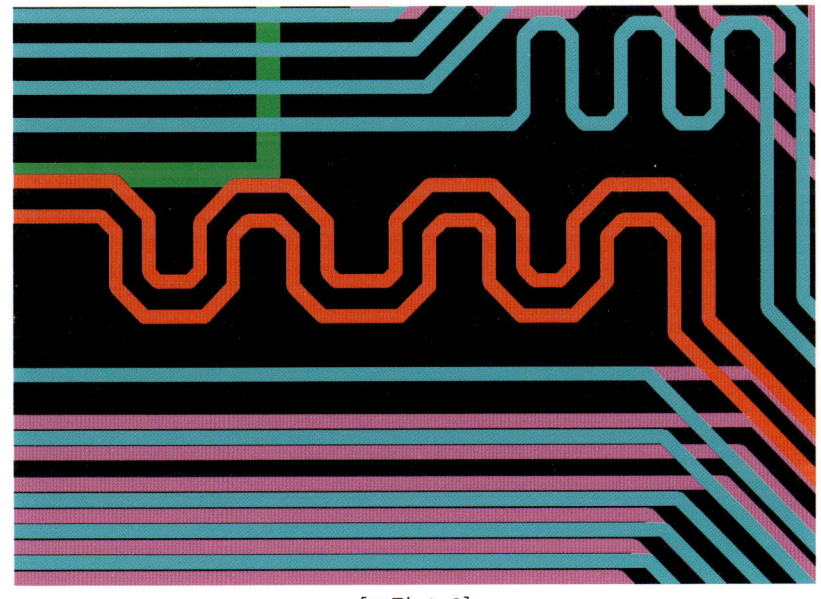

[그림 4-6]

[그림 4-6]은 clock이나 DQS의 differential pair 설계 시 length matching을 위해서 serpentine한 그림입니다.

그림과 같이 작업을 할 때도 두 신호 간의 pattern width와 space를 항상 일정하게 해주어야 합니다.

DQS의 경우는 length를 data group 간에 맞추어 주면 되며, 두 신호 간에는 0.1mm 이내에서 맞추어 주어야 합니다.

Clock의 경우에도 두 신호 간의 오차는 0.1mm 이내에서 맞추어 주어야 하며, length는 data group 간 평균값으로 맞추어 주어 설계를 해줍니다.

DDR 주변 전원은 아래와 같은 기준으로 설계를 진행합니다.

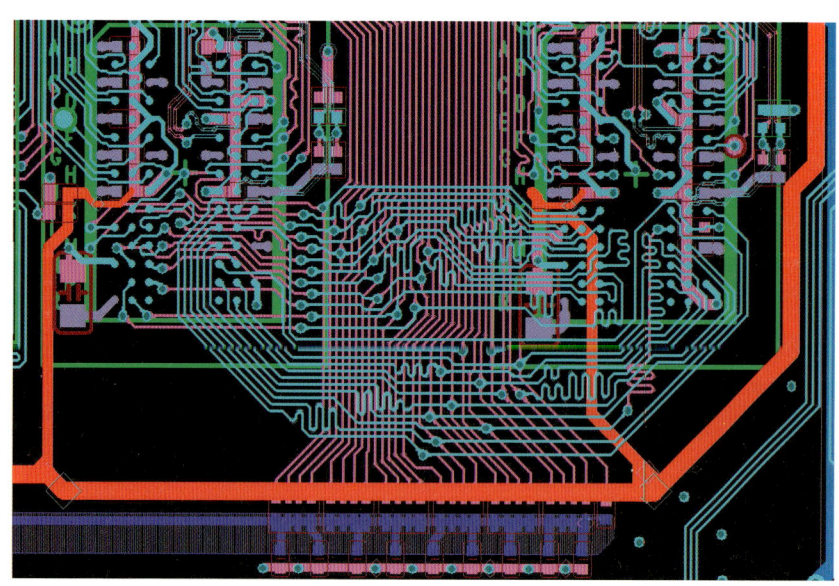

[그림 4-7]

[그림 4-7]은 DDR 전원설계에 대해서 보여주고 있습니다.

기본적으로 DDR 전원인 내층에 plane으로 형성을 해주고 그 외에 Vref와 Vtt는 위 그림과 같이 설계를 해줍니다.

그림에서 붉은색은 Vref 전원을 설계한 것입니다. 기본적으로 20~30mils 이상 두께로 설계를 해주는 것이 좋습니다.

파란색은 Vtt 전원으로 가능한 한 두껍게 설계를 해줍니다.

DDR routing에 대해 정리를 다시 해보면 다음과 같습니다.

업체로부터 single 60ohm과 differential pair 100ohm에 대한 data를 받습니다. Data group 간, Byte 내에서 data pin 간 swap이 가능하나 그 외의 signal은 swap을 할 수 없습니다.

Data group 내에서는 data와 mask는 0.1mm 이내에서, DQS와는 0.2mm 이내에서 맞추어 주는 것이 좋습니다. Data group 사이에는 0.5inch 이내에서 맞추어주면 됩니다. 가능하다면 동일하게 해주는 것이 좋습니다.

Clock은 data group 간의 평균이나 동일하게 맞추어 줍니다.

Address, command, control signal은 100mils 이내에서 맞추어 주어야 하지만 속도가 빠르지 않다면 T분기되는 것을 기준으로 분기 line 간에 0.1mm 이내에서 맞추어 줍니다.

Vref는 최소한 0.8mm 이상의 두께로 설계를 해주고, Vtt는 최소 2.0mm 이상의 두께로 설계를 해주는 것이 좋습니다.

DDR group 간에는 2W 이상 이격을 해주고, 그 외 signal과는 3W 이상 이격을 시켜줍니다.

마지막으로 reference를 잡아주는 인접층 plane의 범위는 pattern edge에서 최소 30~40mils 이상 해주는 것이 좋습니다.

※ 꼭 알아두어야 할 용어

☞ rising edge / falling edge

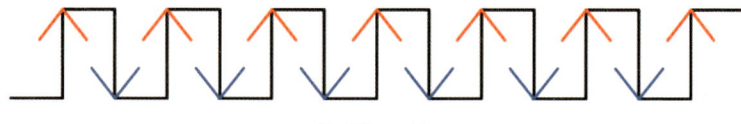

[그림 4-8]

일반적으로 SDRAM은 한 cycle에 한번씩 출력을 보내게 되는데 DDR 에서는 [그림 4-8]과 같이 붉은색의 cycle이 올라가는 rising edge와 파란색의 cycle이 내려가는 falling edge에서 출력을 내보내게 됩니다.

☞ T분기

DDR 설계 방법의 하나로 clock이나 address 등 하나의 신호가 2개 이상의 DRAM에 연결을 해주는 경우 via를 통해 나뉘어 전달을 하게 되는데 이러한 모양을 근거로 해서 T분기한다고 합니다.

☞ mils/mm/inch 단위의 개념

설계를 하면서 자주 보는 단위로, 단위에 대한 크기는
mils < mm < inch로 구분이 됩니다.
10mils = 0.254mm, 1000mils = 25.4mm = 1inch

5. Propagation delay

Propagation delay는 전파지연을 말하며, 거리와 시간과의 관계로 표현합니다. propagation delay = Distance / Speed

이 외에도 propagation delay는 pattern width, 두께, 구현 방법과 via의 사용 여부, 주변의 그라운드의 영향을 받게 됩니다.

Agilent사의 AppCAD를 통해서 simulation을 해보면 Propagation delay 와의 관계를 살펴보면 다음과 같은 결론을 낼 수 있습니다.

A. Micro strip line에서는 pattern의 두께, Frequency, 층 간격에 반비례하고 pattern width와 유전율과는 비례를 하게 됩니다.
B. Strip line에서는 유전율에 대해서만 Propagation delay와 비례 관계를 가지게 됩니다.
C. 인접층에 plane이 형성되고, pattern에 shield 처리를 한 경우 A와 차이점은 shield와의 간격과 비례하고, 반대로 Frequency와는 영향이 없습니다.
D. 인접층에 plane 형성 없이 pattern에 shield를 한 경우에는 층 간격, 유전율과 비례를 하고, shield와의 간격, pattern width, 두께와는 반비례 관계를 갖지만 Frequency의 영향은 받지 않습니다.

공통적으로 어떤 관계이든 유전율과는 비례관계를 가지며, pattern의 두께와는 반비례 관계를 가지는 것을 볼 수 있습니다.

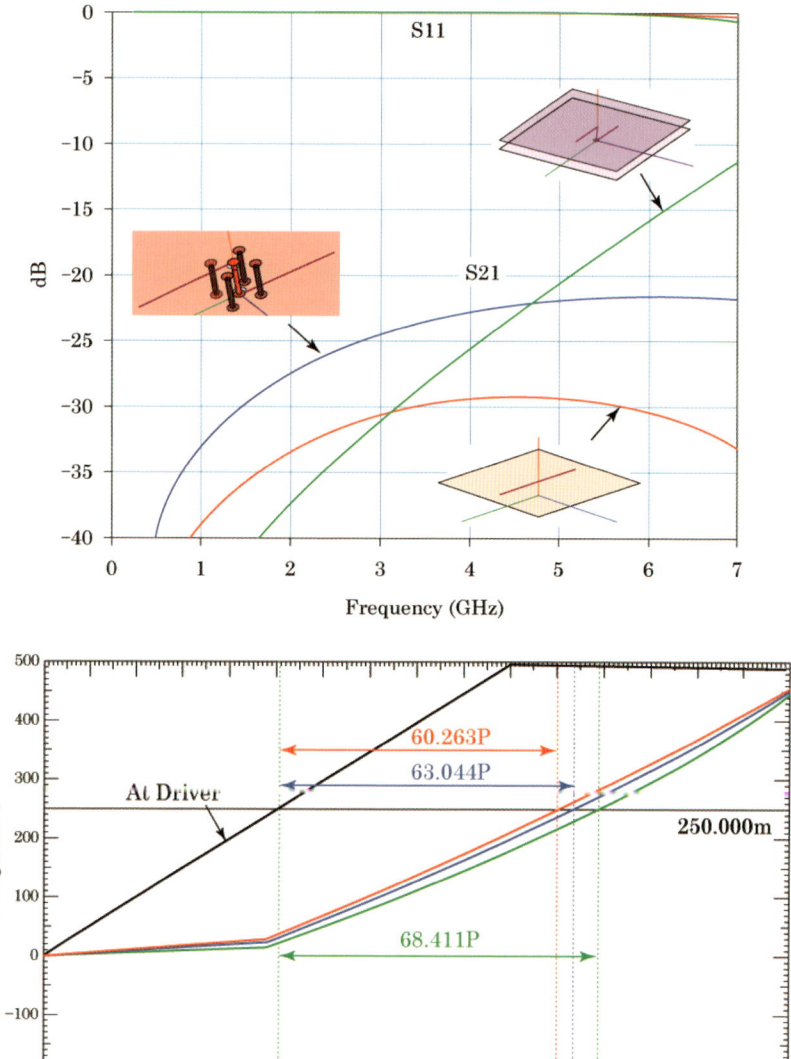

[그림 5-1]

[Cadence designer network의
SI and PCB layout considerations for DDR2 and DDR3에서 발췌했습니다.]

[그림 5-1]은 via 사용에 따른 Propagation delay 관계를 보여주고 있습니다.

상단의 그림에서 보면 붉은색 line은 no via의 signal이고, 녹색은 via를 사용한 signal, 파란색은 via 형성 시 주변에 via로 shield를 해 준 signal입니다.

하단의 그림에서 timing을 살펴보면 no via의 경우 60.263p이지만, via를 사용하게 되면 68.411p로 나옵니다. 하지만 via 주변을 shield 처리해 주면 63.044p가 됩니다.

결론적으로 중요한 신호는 no via로 가는 것이 좋지만, via를 사용해야 한다면 파란색과 같이 그라운드 via로 shield 처리해 주는 것이 Propagation delay를 최대한 줄일 수 있습니다.

Impedance 설계를 하다보면 micro strip과 strip 구조 중 선택하여 설계를 하게 됩니다. 일반적으로 micro strip 구조로 설계를 하지만 6층 이상의 보드에서는 strip 구조를 사용하기도 합니다.

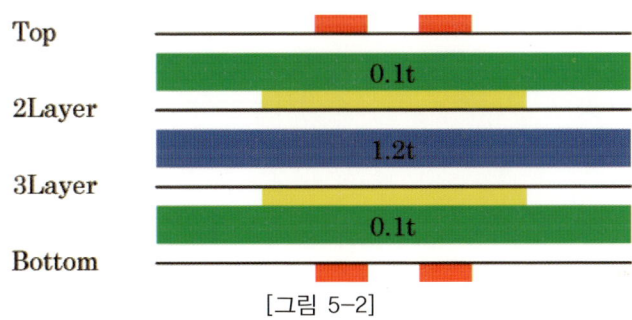

[그림 5-2]

[그림 5-2]는 micro strip 구조를 보여주고 있습니다.

Micro strip 구조는 위 그림과 같이 외층의 붉은색 pattern 설계를 하고 내층의 인접층을 노란색의 reference를 잡아주는 구조를 말합니다. 4층 구조나 일반적인 impedance 설계를 할 때 많이 사용하는 구조입니다.

Micro strip 구조를 많이 사용하는 이유는 유전율에 대한 영향도 있습니다. 외층으로 설계를 하게 되면 내층으로 했을 때보다 유효유전율이 낮게 나오게 됩니다. 공기의 유전율 1과 PCB 재질 유전율 약 4.4~4.6이 합쳐져서 낮으며, 대략 2.6~3.2 사이의 유전율을 갖는데 그로 인해서 Propagation delay는 내층으로 설계했을 때 보다는 적게 나오게 됩니다.

그 외에도 via를 사용하지 않을 경우 Propagation delay는 적게 나오게 됩니다.

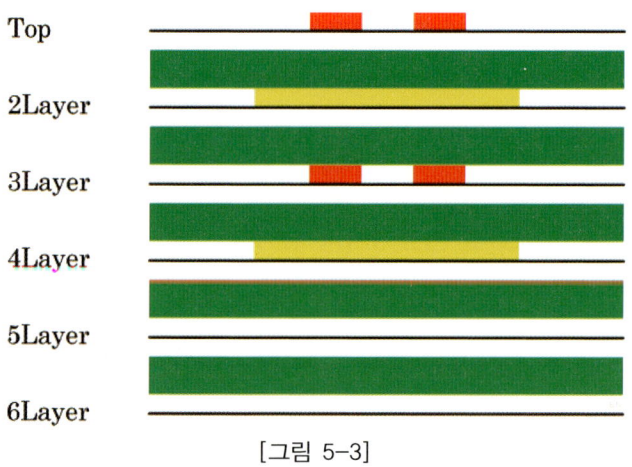

[그림 5-3]

[그림 5-3]은 micro strip 구조와 strip 구조의 복합적인 그림을 보여주고 있습니다.

먼저 strip 구조란 위 그림과 같이 내층에 pattern을 설계해주고 두 개의 인접층에서 reference를 잡아주는 구조를 말합니다. [그림 5-3]을 살펴보면 먼저 top면, 즉 외층에 pattern을 형성해 주고, 2layer에 reference를 잡아주는 micro strip 구조가 있고, 3layer에 pattern을 설계해 준 후 인접층 2layer와 4layer에 reference를 잡아준 strip 구조를 이루고 있습니다.

대부분 strip 구조는 6~8층 이상의 보드에서 설계를 해줍니다. strip 구조는 micro strip 구조에 비해 propagation delay가 큽니다. 그 이유는 앞서 설명드린 것과 같이 유전율의 영향인데 외층의 경우 유효유전율은 대략 2.6~3.2 사이인데 반해 내층은 상하 재질의 유전율이 동일하게 적용되어 대략 4.4~4.6 정도가 나오게 됩니다.

결론적으로 유전율과 Propagation delay의 관계를 살펴볼 때 서로 간에는 비례관계이므로 유전율이 낮은 외층보다 Propagation delay가 클 수밖에 없습니다.

※ 꼭 알아두어야 할 용어

☞ **Propagation delay**
어떠한 신호를 보낼 때 얼마만큼 지연이 되는지를 나타내는 말입니다. propagation delay는 유전율과 밀접한 관계가 있으며, 그 밖에 주위 환경에 따른 영향을 받게 됩니다.

☞ **Micro strip line**
일반적으로 많이 사용하는 구조로 외층에 pattern을 형성시켜주고 가장 가까운 인접층을 reference로 잡아주는 구조를 말합니다.
([그림 5-2] 참고)

☞ **Strip line**
Pattern을 내층에 형성시켜주고 인접한 2개층을 reference로 잡아주는 구조를 말합니다.([그림 5-3] 참고)

제4부

EMC 대책 설계 방법

[3W Rule]

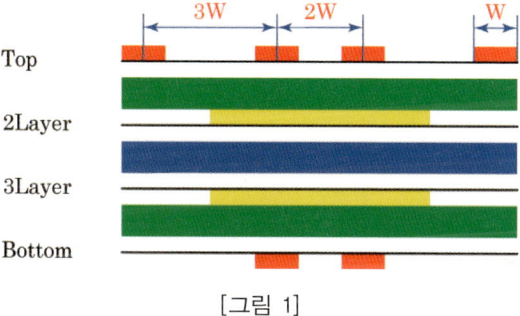

[그림 1]

[그림 1]은 3W에 대해서 비교해 보여주고 있습니다. 여기서 W는 그림과 같이 pattern의 width값을 말하며, 일반적인 신호들은 2W 간격으로 배선을 해도 문제가 없지만 일반적으로 impedance나 고주파 신호 또는 critical한 민감한 신호들은 3W 이상 이격시켜주어야 합니다. 가능하면 pattern edge에서 3W를 적용한 4W 이상 이격을 시켜주면 좋지만 최소한 3W 이상 이격을 해야 다른 신호 간 영향을 최소화할 수 있습니다.

[20H Rule]

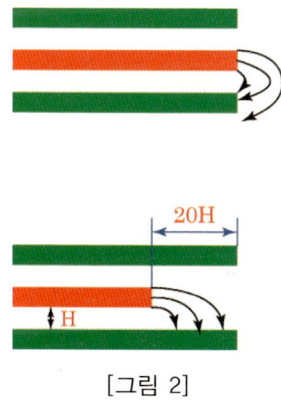

[그림 2]

Chapter 4. EMC 대책 설계 방법 • 125

[그림 2]와 같이 전원층과 인접층과의 거리를 H라고 할 때 그림과 같이 전원층(붉은색)은 PCB 외각으로부터 인접층 간 거리의 20배가 되는 20H 이상 gap를 주어야 한다는 것입니다. 이를 지키지 않을 경우 상단의 그림과 같이 RF 등 전원의 noise가 외부로 나가게 됩니다. 이럴 경우 EMC에 안 좋은 영향을 주게 됩니다. 이러한 것을 방지하기 위해서 하단의 그림과 같이 20H rule을 지키게 되면 RF 등 전원 noise를 인접층의 그라운드가 흡수하게 됩니다.

또 다른 방법으로는 전원층의 외각을 그라운드로 감싸주는 것입니다. 이 경우 전원의 RF 등 noise를 그라운드라는 벽으로 막아주고 흡수를 해주는 역할을 해줄 수 있기 때문입니다.

[Cross talk]

[그림 3]

[그림 3]은 critical한 신호에 대해서 shield 처리해준 그림입니다.

Cross talk이란 간단하게 다른 신호의 영향 등을 받는 것을 말합니다.

Cross talk를 줄여주기 위해서는 여러 가지 방법이 있습니다. 먼저 인접 층과 설계 시 격자형 구조로 설계를 하여 각 신호 간 교차점을 작게 해서 영향을 줄이는 방법과, 앞서 설명되었던 3W rule에 의해 3W 이상의 거리로 이격을 시켜주는 방법, 더 나아가서는 위 그림과 같이 critical한 신호 사이에 그라운드 shield를 해주고 중간에 via를 형성해 주어 return path를 줄여주는 방법도 있습니다.

설계를 할 때 가장 많이 듣고 주의해서 설계를 해야 하는 부분입니다.

[Noise 저감을 위한 설계 방법]

PCB의 noise를 줄이기 위한, 즉 EMC를 감안한 설계 방법은 여러 가지가 있습니다. 이미 앞서 이야기된 내용들도 있지만 여기서 간략히 다시 살펴보도록 하겠습니다.

a. De-coupling capacitor를 적절히 사용을 해야 합니다.

IC 주위의 de-coupling capacitor는 최대한 가깝게 배치를 하며, 전원은 capacitor를 거쳐서 신호가 전달되도록 해줍니다.

De-coupling capacitor 사용 시 via는 lead inductance를 최소로 하기 위해서는 pad에서 via까지의 배선을 최대한 짧게 해주고 복수 개의 via를 사용해 주어야 합니다.

b. 직각 배선을 하지 말아야 합니다.

45도 배선이나 arc 배선을 해야 하며, 직각 배선을 하게 되면 꺾이는 부분에서 반사가 일어날 수 있습니다.

c. clock, 고속신호 등 민감한 신호는 가능한 한 짧게 해주어야 합니다.

critical한 신호들은 noise에 민감하므로 가능한 한 짧게 하여 주변의 영향을 최소화해줍니다.

d. 인접층과는 배선을 서로 직각이 되게끔 설계를 합니다.

배선을 할 때 인접층과는 격자 구조로 설계를 하여 cross되는 면적을 최소화하여 설계를 합니다.

e. Via 사용 시 밀집되었을 때 그라운드 및 전원 path가 확보되게 분포를 시켜야 합니다.

via를 통해 전원의 path가 막히게 되면 신호의 return path가 길어지면서 전원이 근거리를 두고 돌아가게 됨으로 EMC에 영향을 줄 수 있습니다.

f. 안테나를 만들지 말아야 합니다.

설계를 하다보면 그라운드가 일부 들어가는 경우가 있지만 해당 그라운드가 path되지 못하면 안테나가 되게 됩니다. 그래서 끝부분에 via를 통해서 path시켜주거나, pattern을 통해서 연결해 주는 것이 좋습니다.

1. PCB check list

 PCB 설계 시 항상 생각하면서 작업하는 부분이 있습니다. PCB 설계를 하면서 개인적인 차가 있지만 흔히들 말하는 check list가 필요합니다. 이 부분은 설계 시 실수를 최대한 줄이기 위한 하나의 guide가 되는 문서입니다.
 여기서는 저자가 설계를 할 때 배운 점과 경험을 기준으로 잡고 있는 check list를 정리해 보고자 합니다.

[Library 제작]
부품을 만들 때는 다음의 사항을 생각하여 작업을 합니다.
a. 기존의 동일 부품이 있는지 여부
 Library는 복수 개가 아닌 통일해서 관리하는 것이 좋습니다. 그러기 위해서는 이름에 대한 정의도 필요하겠죠?

b. 부품이 top, bottom view인지 확인이 필요하고, pin 번호의 순서와 방향에 대해서 확인 여부
 Library 생성 시 잘못 보고 만들게 되면 PCB 제작 후 제품 test를 할 수 없는 경우가 생길 수 있습니다.

c. Library 제작 후 제대로 만들었는지 재차 확인 여부
 설계에서 library를 잘못 만들면 설계를 잘 해도 의미가 없기에 여러 번의 검토가 필요합니다.

[Layout]

부품배치 시 다음을 지켰는지 살펴봅니다.

a. 부품 pad 간 0.3mm 이상의 이격 여부

일반적으로 제조업체에서 제작 시 설계한 pad의 solder mask보다 좀 더 보강을 해주어 작업을 하게 됩니다. 그렇기 때문에 일정 거리의 이격 확보가 필요합니다.

b. 부품 간의 간격은 0.5mm 이상의 이격 여부

silk를 0.2mm 주었다고 가정할 때 a를 기준으로 해서 두 부품 간 silk가 겹치게 되므로 설계 시 0.5mm 이상 이격되어야 합니다.

c. Board 외각에서 1.0mm 이상 이격 여부

Dummy를 사용하지 않을 경우 5.0mm 이상 이격을 해주어야 하지만, dummy를 사용할 경우에는 최소 1.0mm 이상 이격이 되어야 합니다. 이는 board 분리 시 crack 등의 손상을 입지 않게 하기 위해서 입니다.

d. 고정부품에 대한 위치 확인 여부

기구나 제품의 특성상 정해져 있는 부품들이 틀어질 경우 조립 등에서 문제가 발생하므로 위치를 재차 확인해 주어야 합니다.

e. Bottom면 실장 시 dip solder pad로부터 3.5mm 이상 이격 여부

Soldering 방식에 따라 2.0mm에서 5.0mm까지 차이가 있지만 일반적으로는 Durostone Jig 제작 시 필요한 space로 3.5~5.0mm 이상 필요합니다.

f. Board 최외각 edge로부터 5.0mm 이상 이격 여부

Dummy를 사용하지 않을 때는 reflow나 wave soldering할 때 잡아주는 guide를 위해서 5.0mm 이상 확보해야 합니다. 장비에 따라서 더 작게 잡아주는 경우도 있습니다.

g. 부품 금지구역에 배치를 피했는지 여부

부품 금지구역에는 keep-out 등 금지구역을 설정해서 부품이 배치되지 않도록 하고, 높이도 제한 구역을 둡니다.

h. Screw head와 2.0mm 이상 이격 여부

PCB 설계 시 기구와 조립을 위해 screw를 사용하는 경우가 있는데 이 경우 조립 시 실수로 주변 부품에 crack 등의 영향을 주지 않기 위해서 2.0mm 이상의 이격을 해주는 것이 좋습니다.

i. 열이 많은 부품과의 이격 여부

열이 많이 나는 부품은 열이 잘 빠져나갈 수 있도록 screw hole 주변이나 bottom면 등에 열 분산을 시킬 수 있는 곳에 배치를 해주는 것이 좋으며, 열이 나는 부품끼리는 밀집되지 않도록 배치해야 합니다.

[Routing]

a. Critical한 signal은 최소한 0.25mm 이상으로 설계하고, 가능한 한 via없이 짧게 연결하거나 또는 shield 처리를 해주거나 3W 이상의 이격 여부

민감한 analog signal이나 기타 clock 등 critical한 signal들은 noise에 민감하니 일반 pattern보다는 두껍게 해줍니다. pattern이 길 경우에는 가능하면 shield 처리를 해주고 return path를 짧게 해

주기 위해 shield에 그라운드 via를 추가해 줍니다.

b. **Power line은 전류값에 맞게 적절한 pattern width값 적용 여부**

최대 전류값을 확인하여 pattern 설계를 해주어야 합니다. 허용 전류값보다 pattern이 얇다면 pattern이 과부하로 열을 내거나 화재가 발생할 수 있어 제품의 동작에 영향을 줄 수 있습니다.

c. **Ex-pad 또는 전도성 재질을 가진 부품 밑에서의 via나 pattern의 근접 여부**

동일 signal일 경우는 상관없지만 다른 signal이라면 short의 원인이 될 수 있으니 근접하지 않도록 일정 거리를 두는 것이 좋습니다.

d. **Pattern의 직각 배선이 있는지 여부**

Pattern은 arc 처리해주는 것이 가장 이상적이지만 그렇지 못할 경우 45도의 배선을 해주어야 합니다. 대부분 45도 배선을 많이 사용합니다. 하지만 직각 배선을 하게 되면 꺾이는 부분에서 반사가 발생할 수 있습니다. 쉽게 설명하자면 pattern은 물의 흐름과 같이 설계를 하면 됩니다. 물의 흐름이 arc나 45로 되어 있는 경우에는 흐름에 따라 흘러가지만 90도로 흐름이 바뀌는 부분이 있는 경우에는 물이 흐름이 급격히 바뀌는, 즉 꺾이는 부분에 부딪혀서 방향이 바뀌게 됨으로 물이 튀게 됩니다. 다시 pattern으로 가면 이렇게 반사가 발생하여 EMC에 안 좋은 영향을 미칠 수 있습니다.

e. **Copper는 board 외각에서 최소 0.5mm 이상의 이격 여부**

0.5mm 이상의 이격을 시켜주는 이유는 v-cut에 대한 영역과 공정 상에 발생하는 오차 등을 생각하여 이격을 해주는 것이 좋습니다. 너

무 근접할 경우에는 동박이 PCB edge에 돌출될 수도 있으며 이럴 경우 short가 발생할 수도 있습니다.

f. Plane 간 0.5mm 이상의 이격 여부

전압에 따라 차이는 있겠지만 최소한 0.5mm 이상 이격을 해주는 것이 좋습니다. 앞에서도 언급했듯이 전압은 물의 흐름으로 보면 물의 세기라고 할 수 있습니다. 전압이 높을수록 물의 흐름이 빠르다는 것은 그만큼 주변에 영향을 줄 수도 있다는 것입니다.

g. Pad 내에 via 사용 여부

Pad에는 via를 사용하지 않는 것이 좋습니다. 간혹 사용하는 경우도 있지만 pad에 via를 사용할 경우 via를 통해서 납이 빠지는 현상이 발생할 수 있기 때문입니다.

h. 최소 pattern width 이상에서의 설계 여부

제조업체의 공정 능력에 따라 차이가 있어 단정은 못하지만 일반적으로 최소한 0.5oz = 0.1mm, 1oz = 0.125, 2oz = 0.18mm입니다.

i. Pattern 간의 거리

위 h항과 마찬가지로 제조업체의 공정 능력에 따라 차이가 있지만 일반적으로 최소한 0.5oz = 0.1mm, 1oz = 0.15mm, 2oz = 0.25mm입니다.

j. Pad 사이 거리는 최소한 0.2mm 이상의 이격 여부

Pad는 납을 올리는 부분이므로 pattern보다 좀 더 이격을 시켜주는 것이 좋습니다. pattern 간 거리처럼 가깝게 되면 pattern의 PSR ink가 벗겨지면서 short의 위험이 높기 때문입니다.

[EMC]

a. IC 옆에 de-coupling capacitor의 적용 여부

De-coupling capacitor는 IC에 근접 배치하여 전원 noise 등을 막아주는 역할을 합니다.

b. 전원 pattern은 IC(Regulator 등)에서 capacitor를 거쳐서 배선작업을 하였는지 여부

Capacitor를 통해서 noise를 제거한 후 배선작업을 해주어야 합니다.

c. Clock 등 중요한 signal은 shield 처리 및 안테나가 발생하지 않도록 끝부분에 그라운드 via를 형성한 여부

안테나가 형성된다면 shield를 안 해주는 것보다 못한 결과로 이어질 수 있습니다. shield를 해줄 경우 적절한 via로 return path를 짧게 해주고, pattern의 층 변화 등으로 변화가 발생하는 곳에 그라운드 via를 추가해주며, shied 끝부분에도 그라운드 via를 추가해 주는 것이 좋습니다.

d. Via 일렬 배열이 되었는지 여부

Via를 사용할 때 일렬 배열을 하게 되면 그라운드 path가 막히게 되어 EMC에 영향을 줄 수 있습니다.

e. Board 외각 shield 처리 여부

EMC 등의 방사를 막기 위해서는 최외각은 그라운드로 감싸주는 것이 좋습니다.

f. 전원층 20H rule의 적용 여부

전원층의 경우 전원 noise 등을 막아주기 위해서 20H rule을 지켜주어야 합니다. 하지만 이 방법이 힘들 경우 내층도 외각을 그라운드로 shield를 해주면 전원 noise를 막아주는 벽이 됩니다.

[검토 작업]

a. 회로와 1대 1 비교 check 여부

Tool의 버그나, 설계 중 실수가 있을 수 있기에 작업 완료 후 최종 회로를 가지고 비교 검토를 필히 해야 합니다.

b. Design Rule Check 시 error 해결 여부

가장 기본적인 것이지만 error는 없어야 합니다. Error는 사고의 위험이기 있기 때문입니다. 전기적인 문제의 error가 아니더라도 가능한 한 error를 없애서 다른 error와 혼동되지 않도록 해주는 것이 좋습니다.

c. Cam data 출력하여 gerber data 검토 여부

실제 제조업체에서 보고 작업하는 것이 cam data이므로 gerber data를 신중히 검토한 후 제조업체에 전달해주어야 합니다.

※ 꼭 알아두어야 할 용어

☞ **Durostone Jig**

Wave soldering 작업 시 bottom면 등 납을 올려야 하는 부분에 SMD type 부품들이 있다면 해당 부품을 보호하기 위해서 해당 영역을 제외한 soldering이 되어야 할 부분만 돌출되게 만들어준 Jig를 말합니다.

☞ **PSR ink**

일반적으로 PCB를 보면 녹색(green)으로 배포되어 있는 ink를 말합니다. PSR ink는 유광과 무광의 녹색(green), 흰색, 검은색, 붉은색 등 여러 종류의 color가 있습니다.

☞ **20H rule**

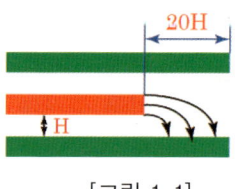

[그림 1-1]

[그림 1-1]과 같이 전원층과 인접한 층과의 거리를 H라고 할 때 그림과 같이 전원층(붉은색)은 PCB 외각으로부터 20H 이상 gap을 주어야 한다는 것입니다. 이를 지키지 않을 경우 상단의 그림과 같이 RF 등 전원의 noise가 외부로 나가게 됩니다. 하단의 그림과 같이 지키게 되면 RF 등 전원 noise를 인접층의 그라운드가 흡수를 하게 됩니다.

2. Design For Manufacturing

    DFM(Design For Manufacturing)은 말 그대로 생산을 위한 설계 가이드를 말합니다. 이 부분도 생산 장비 등에 따라 차이가 있지만 일반적인 기준으로 설명할 예정이며, 앞장에서 설명한 check list 항목과 중복되는 부분이 있지만 설계 시 꼭 참고해야 하는 부분입니다.

    아래 정리되는 내용은 dummy를 사용하지 않는 board를 기준으로 설명하도록 하겠습니다.

a. Board의 edge에서 5.0mm × 5.0mm에 자삽 guide hole을 추가해 줍니다.

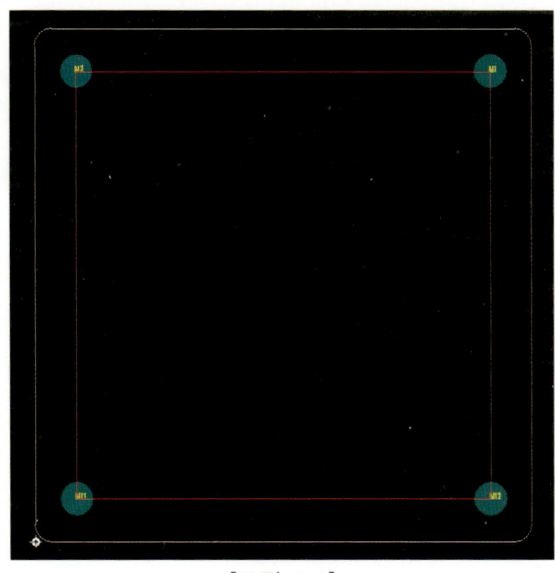

[그림 2-1]

[그림 2-1]과 같이 5.0mm×5.0mm 지점에 guide hole을 추가해 줍니다.

생산 장비에 따라 차이가 있지만 hole size는 보통 3.5φ나 4.0φ를 사용합니다.

b. Board 외곽에서 5.0mm 이내에는 부품을 배치하지 않습니다.

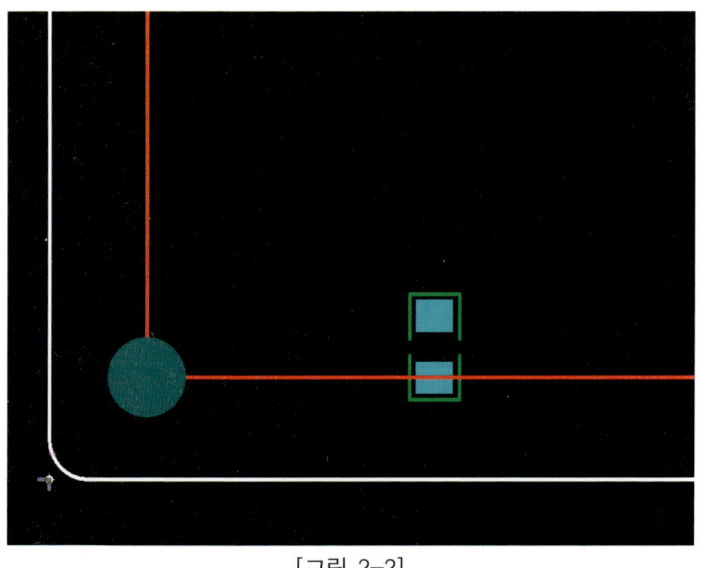

[그림 2-2]

[그림 2-2]와 같이 PCB board 외곽에서 5.0mm 이내에 부품이 배치되어 있으면 안 됩니다.

이 역시 생산 장비에 따라 차이가 있지만 일반적으로는 5.0mm 이내 부품을 배치하지 않습니다. 생산 시 컨베이어를 통해 걸어서 흘리게 되는데 잡아주는 guide에 의해 부품이 파손될 수 있기 때문입니다.

c. Fiducial mark를 board의 corner 4곳에 배치하여야 합니다.

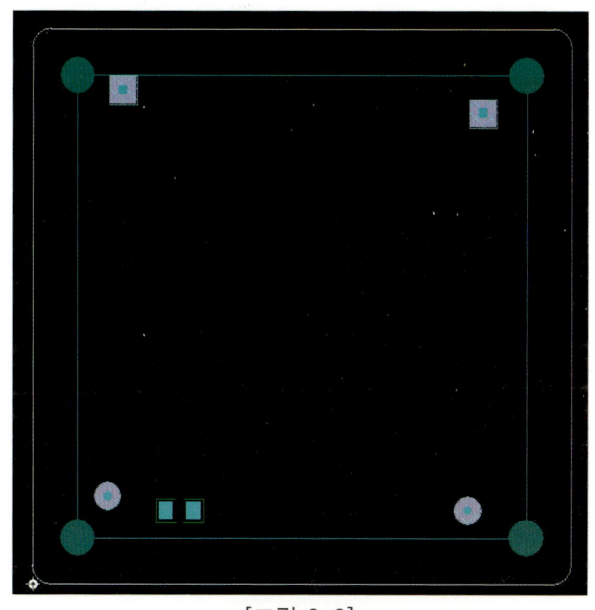

[그림 2-3]

[그림 2-3]은 Fiducial mark인 인식 마크에 대해서 보여주고 있습니다.
Fiducial mark는 SMT 작업 시 부품의 좌표 기준이 되는 것으로 기본적으로 SMD type의 부품을 사용하는 경우 그림과 같이 corner의 4곳에 추가해 줍니다. 부품과 마찬가지로 5.0mm 이내에 배치되면 안 됩니다.

또 보드의 진행 방향에 따라서 그림과 같이 대각으로 다른 모양 또는 다른 위치에 배치하여야 합니다. 보드가 180도 반대로 투입되었을 경우에 발생할 오류를 방지해 줄 수 있습니다.

추가로 fiducial mark는 장비의 반사를 최소화하여 인식률을 높이기 위해서 흑화 처리해주는 것이 좋습니다.

d. 보드를 분리하는 부분에서는 일정 거리의 이격을 시켜주어야 합니다.

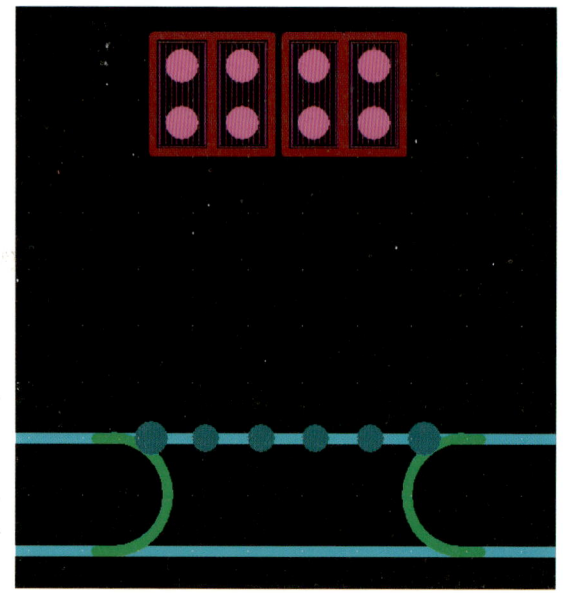

[그림 2-4]

[그림 2-4]는 missing hole 주위의 부품 이격을 보여주는 것입니다.

V-cut이나 missing hole을 사용할 때 보드를 분리하는 과정에서 부품에 crack이 가는 등의 문제가 발생할 수 있습니다. 이러한 문제를 줄이기 위해서 다음과 같이 이격 거리를 두는 것이 좋습니다.

V-cut의 경우는 해당 영역에서 1.0mm 이상 이격을 주며, 부품의 배치는 직각 배치보다는 평행 배치하는 것이 좋습니다.

그림과 같이 missing hole의 경우에는 missing의 면적에 따라 차이가 있지만 그림의 경우 약 5.0mm의 길이를 가지고 있으며, 이 경우 약 5.0mm 이상의 이격 배치를 해주는 것이 좋습니다. 그림과는 다르게 missing hole 부분에서도 가능하다면 직각이 아닌 평행 배치를 해주는 것이 좋습니다.

특히 불가피하게 근접 배치할 경우 missing hole 위치를 이동하거나 평행 배치를 해야 합니다. 직각 배치가 평행 배치한 부품보다 crack에 대한 lisk를 갖는 이유는 면적이 작기 때문에 받는 압력이 반대로 커지기 때문입니다. 이는 우리가 버스를 타고 갈 때 다리를 좁게 했을 때와 넓게 했을 때 어느 부분이 더 안정적인지를 생각하면 됩니다.

e. SMD type 부품 양면 배치 시 이격 거리를 준수해야 합니다.

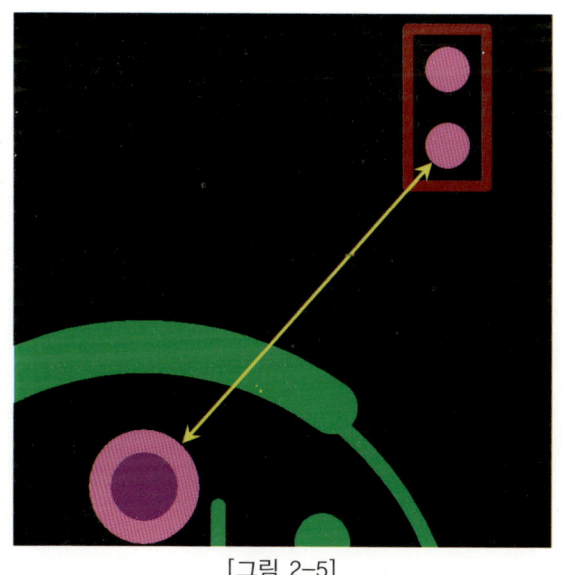

[그림 2-5]

[그림 2-5]는 dip 부품의 pad에서 solder면 부품의 pad 사이의 거리를 나타내고 있습니다.

Wave soldering 작업 시 solder면의 부품이 열에 의해 떨어지지 않도록 하기 위해서 Durostone Jig를 만들어 보호를 해주어야 합니다. 그러기 위해서는 solder가 되는 부품의 pad로부터 solder면의 부품 간 이격이 필요합니다. [그림 2-5]와 같이 노란색의 거리를 최소 3.5mm 이상의 이격이 필요하며, 가능한 한 5.0mm 이상의 이격이 필요합니다. 추가로 solder면에는 높이가 높은 부품은 자제하는 것이 좋습니다.

이외에도 유도 패드 등 납이 묻는 부분에 대해서도 pad와 동일하게 적용합니다.

f. 힘이 많이 가해지는 connector 등은 screw hole 주위에 배치를 해주는 것이 좋습니다.

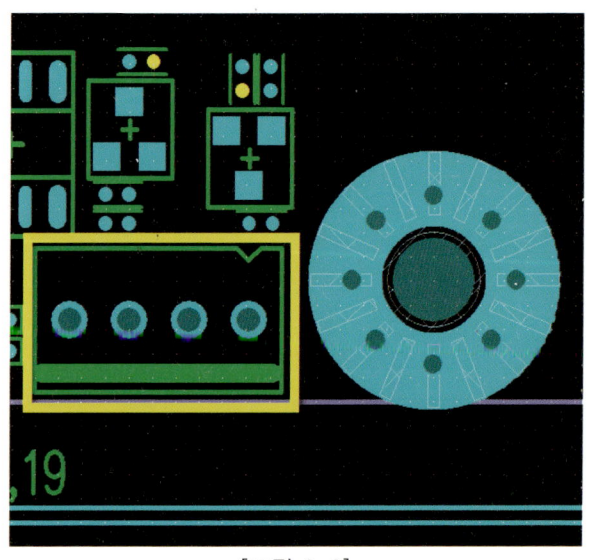

[그림 2-6]

[그림 2-6]은 screw hole 주위에 배치된 connector 주변 회로를 볼 수 있습니다.

그림에서 노란색 박스의 connector와 같이 탈부착이 많거나 힘이 가해지는 connector의 경우에는 작업 시 압력에 의해 PCB에 힘이 발생할 수 있으므로 screw hole이나 배면에 지지대가 있는 곳의 주위에 배치하는 것이 좋습니다.

g. 외층에 동박이 넓게 형성되어 있는 경우 blister를 대비한 설계를 해 주어야 합니다.

[그림 2-7]

[그림 2-7]은 외층에 그라운드 동박으로 넓게 형성된 곳에 blister를 방지하기 위해 설계된 그림입니다.

외층에 그라운드 등 동박이 넓게 형성되어 있는 경우 soldering 작업 시 열에 의해서 blister가 발생하는 것을 막아주기 위해서 동박의 일정 부분을 제거해서 열이 집중되는 것을 방지해야 합니다.

h. Dxf 등을 통해 기구도면과 확인을 해야 합니다.

   기구 도면과 상이하게 배치될 경우 조립에 문제가 발생할 수 있습니다.

i. 부품 배치 시 높이가 높은 부품 사이에서 작은 부품의 배치에 유의해야 합니다.

   큰 부품 사이에 작은 부품이 배치되어 있는 경우 reflow 공정에서 큰 부품 사이에 끼어 있는 작은 부품은 밑에서부터 열을 받지만 상단의 찬 공기가 큰 부품에 막히게 되어 Manhattan 현상 등이 발생할 수 있습니다.

j. Board 외각의 corner는 R값을 주어야 합니다.

   R값을 주는 이유는 board를 취급할 때 보드 간 scratch를 막기 위해서입니다.

k. Board의 내층에서 빈 공간에는 그라운드 등 plane으로 채워주는 것이 좋습니다.

   일부 빈 공간부분이 있다면 적층 시 균형이 맞지 않아 열이 쏠리게 되고, 이로 인해서 PCB가 휠 수 있습니다.

※ 꼭 알아두어야 할 용어

☞ 흑화처리

외각에 Fiducial mark 인접층에 동박을 형성시켜서 가운데 pad 외의 solder가 open된 부분이 검정색처럼 보이는 것을 말합니다.

위와 같이 처리를 하지 않을 때에는 하얗게 보이게 되며, SMT 작업 시 반사로 인해 인식 불량 등의 에러가 발생할 수 있습니다.

☞ 유도 패드

Pin이 밀집되어 있는 connector 등의 경우 soldering 작업 시 납조를 지나면서 납이 몰려서 short가 발생하는 경우가 많이 생깁니다. 이럴 경우 solder 방향에 따라서 pin의 끝부분에 일정한 크기와 모양의 pad를 만들어줍니다. 그러면 connector의 끝부분에 납이 쏠려 short되는 것을 임의로 만들어준 pad를 통해 인장력으로 납을 끌어 short를 방지시켜주는데 이 pad를 유도 패드라고 말합니다.

☞ Blister

"부풀음"이라는 의미로, 모재 표면이 일어나는 것을 말합니다.

동박이 넓게 형성되어 있는 경우에 soldering 작업을 하면 열이 밀집되어 blister가 생성되는데 이를 막기 위해서 동박의 일부를 제거하여 열이 분산되게끔 만들어 줍니다.

3. Design Rule Check

　DRC check를 할 때 항목은 이미 앞서 PCB check list와, DFM에서 언급한 내용 중 tools 상에서 설정할 수 있는 부분들이 중복되는 부분입니다.

　이 부분들을 rule setting을 해주고 하는 것이 좋습니다. 이유는 설계 시 오류를 최소화할 수 있기 때문입니다.

　그 외에 기구적인 부분 등은 CAD tools마다 용어에 대한 차이는 있겠지만 pads라는 tools로, 예를 들면 keep out 등을 설정하여 DRC check가 가능합니다.

　그 밖에 tools로 검증할 수 없는 부분은, 예를 들어서 solder면 배치 시 이격 거리 등은 dip 부품의 library를 만들 때 해당 영역을 별도의 layer로 지정하여 인지하고 배치하는 방법도 있으며, 그 외적으로는 작업 후 검토를 통해서 error를 최소화하는 것이 좋습니다.

발 행		1판 1쇄 2022년 02월 10일
저 자		이 병 엽
펴낸이		김 주 성
펴낸곳		도서출판 **엔플북스**
주 소		경기도 구리시 체육관로 113번길 45, 114-204
		(교문동, 두산아파트)
전 화		(031) 554-9334
F A X		(031) 554-9335
등 록		2009. 6. 16 제398-2009-000006호

정가 **20,000**원

ISBN 978-89-6813-370-1 13000

※ 파손된 책은 교환하여 드립니다.
본 도서의 내용 문의 및 궁금한 점은 저희 카페에 오셔서
글을 남겨주시면 성의껏 답변해 드리겠습니다.
http : cafe.daum.net/enplebooks